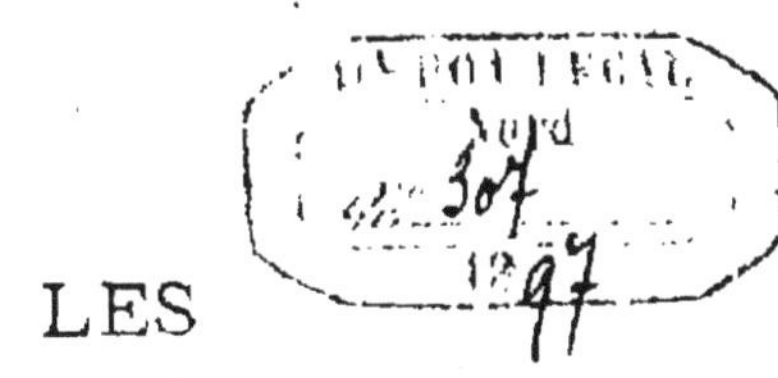

LES

USAGES FORESTIERS

D'IMPHY

suivis de quelques notes sur Imphy et d'un
aperçu comparatif de la propriété forestière
avec la propriété agricole.

Par Pierre BRIFFAUT

— PARIS 1897 —

LES

USAGES FORESTIERS

D'IMPHY

suivis de quelques notes sur Imphy et d'un
aperçu comparatif de la propriété forestière
avec la propriété agricole.

Par Pierre BRIFFAUT

— PARIS 1897 —

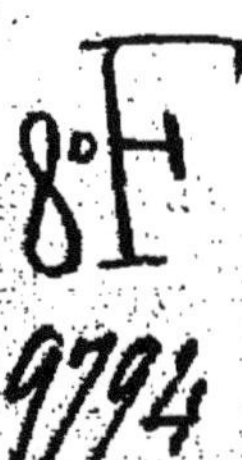

PRÉFACE

Mes loisirs m'ont permis d'écrire cette brochure, que je dédie aux usagers d'Imphy.

Je m'empresse de leur dire que ce n'est pour servir aucun intérêt. Le mobile qui m'a guidé est celui d'éclairer, autant qu'il m'est permis, les personnes qui ne sont pas initiées à la science du droit.

Les usages forestiers n'ont certainement aucun mystère pour ces initiés, aussi ne leur apprendrai-je rien, sinon que mon incompétence en cette matière.

Néanmoins, je crois pouvoir dissiper le vague et les ténèbres qui se présentent à l'esprit des gens, lorsqu'on leur parle d'usages forestiers.

Mes recherches dans les archives m'ayant permis de rencontrer des documents relatant des faits et des dates se rapportant à Imphy ou à son ancienne population, j'en ai profité pour les insérer dans cet ouvrage, que j'ai terminé par une étude comparative de la propriété agricole avec la propriété forestière.

CHAPITRE PREMIER

Des Forêts et de l'origine des Usages.

Les traits les plus frappants de la physionomie d'un pays, c'est-à-dire ceux qui constituent son aspect physique, sont formés par les forêts, les plaines, les déserts, les montagnes et les plages.

Ce sont les démarcations auxquelles se rattachent une foule de détails secondaires, et les anciens observateurs quoique peu attentifs de la nature et aussi peu soucieux de nous faire connaître les variétés pittoresques des pays qu'ils ont décrits, ont cependant rarement négligé de nous indiquer ces caractères principaux du sol.

Il est impossible de traverser un pays, sans que les regards soient frappés par l'aspect imposant des masses sombres produites par les forêts : celles-ci forment, par les teintes verdoyantes dont elles colorent le paysage, un admirable tableau de la nature ; elles sont en même temps au milieu des produits de la végétation la plus belle parure de notre globe.

L'arbre, enfant de la forêt, est le représentant le plus important du règne végétal, de même que l'homme l'est du règne animal ; n'est-ce pas la plus belle production que la terre fait sortir de son sein et qu'elle ne rappelle à elle qu'après plusieurs siècles d'existence ?

Répandus sur toute la surface du globe, les arbres prennent les formes et les dimensions différentes que le climat de chaque pays leur donne. On les voit très élancés sous les tropiques, d'une intensité vigoureuse sous les zônes tempérées, moins élevés et presque bas vers les pôles. Ils indiquent en un mot, par leur constitution, le caractère du sol et la température du climat dans lesquels ils vivent ; ils sont pour ainsi dire le fanion ou le pavillon qu'on déploie dans un régiment, ou sur le mât d'un navire, pour connaître leur nationalité.

Groupés et enchevêtrés les uns dans les autres, leurs troncs très rapprochés, dont les branches et leur feuillage

1

en s'étendant au loin se ramifient, forment entre eux cette grande famille qu'on nomme forêt.

Dans les temps même les plus reculés les peuples ont toujours senti la nécessité et l'importance des forêts; elles ont été pour l'homme à l'état sauvage son premier abri; il y trouvait son refuge, sa nourriture et son chauffage pendant l'hiver.

Si barbare qu'aient été les peuples, ils ont toujours éprouvé un sentiment de reconnaissance pour ce qui procure à l'homme tous les éléments nécessaires à sa vie et à sa préservation.

Aussi par le culte religieux qu'ils rendaient aux plus grands arbres témoignaient-ils par là de l'influence qu'avait sur eux la forêt, leur première demeure.

Ou bien, n'était-ce qu'un sentiment religieux, développé chez ces hommes primitifs, par la profondeur imposante des forêts, leur silence parfois troublé par des bruits mystérieux et l'aspect majestueux des grands arbres ?

Dans tous les cas, cette majestueuse horreur fournissait à l'imagination populaire la croyance que des génies tantôt protecteur, tantôt redoutés, étaient les hôtes de ces lieux.

Il faudrait un volume pour décrire toutes les légendes qui ont existé dans tous les pays et dont les bois ont toujours été le théâtre.

De nos jours et dans notre campagne ne voit-on pas encore des gens croire sérieusement aux *meneux de loups*, aux meutes de chiens volants de saint Hubert, ou à l'influence diabolique que peut avoir un croisement de quatre chemins dans un bois ?

Toutes ces vieilles croyances ne sont encore que les faibles échos des hallucinations qui hantaient l'esprit des hommes barbares ou préhistoriques.

Ces bois, qui étaient l'auxiliaire le plus puissant à satisfaire leurs besoins si rudimentaires, ont aidé au développement des arts et de la civilisation.

L'agriculture a vu sortir des produits de la forêt ses premiers outils aratoires et la guerre, née avec l'homme, ses engins de destruction fratricide.

Plus tard, c'est encore par ces mêmes produits que l'homme a commencé l'adoucissement de ses mœurs, en se fabriquant des ustensiles de ménage: seaux, lits, tables, etc ; et enfin le progrès comme de nos jours ne cessent de continuer sa marche bienfaisante, a pu à l'aide de la combustion du bois, faire produire du sein de la terre, le fer.

Ce métal si indispensable à l'humanité, et dont l'apparition a été le point de départ de la civilisation, a établi en quelque sorte la démarcation de la supériorité de l'être humain dans le règne animal.

Par le bois, il a commencé aussi la conquête d'un élément nouveau, l'eau, sur laquelle il vit en maître aujourd'hui.

Mais, de même que de toutes choses dont l'homme se sert pour ses besoins ou sa distraction, sa nature le pousse à en abuser et par là à détruire ce qui lui est précieux à conserver.

Aussi, dès les premiers temps, les chefs que les peuplades subissaient, ou s'étaient donnés volontairement pour maîtres, reconnurent-ils, guidés par l'instinct de la conservation, qu'il était nécessaire de garantir dans les forêts les abus qui s'y commettaient et qui allaient s'y commettre.

L'histoire des peuples les plus reculés du berceau de la civilisation nous apprend que les nations d'origine celtique établies dans la Gaule, avaient dans leur culte druidique une vénération pour les arbres d'une certaine essence ; ce qui par conséquent les protégeait d'une destruction certaine.

Les Romains, pendant leur occupation de la Gaule, n'ont pris aucune disposition pénale concernant les forêts ; et cela se comprend si l'on pense que celles-ci sont, contre le conquérant, un des principaux éléments auxiliaires des forces défensives d'un pays. Il est même heureux que les ordres donnés pour les brûler n'aient pas été exécutés.

On sait cependant qu'Ancus Crinitus, quatrième roi de Rome, les avait réunies au domaine public, et qu'il nomma des magistrats pour leur garde et leur conservation.

Mais si le droit romain est presque muet sur les règlements forestiers, il n'en est pas de même des lois barbares.

Ces peuplades du Nord si longtemps contenues en dehors des frontières de l'empire, s'attachèrent, dès qu'elles les eurent franchies, à la conservation des grands bois, dont elles reconnurent l'importance à tous les points de vue.

Les Visigoths, les Ripuaires, les Bavarois et les Alemans nous donnent des renseignements curieux relatifs aux forêts ; mais c'est surtout dans la loi salique et dans la loi Gombette qu'ils sont plus nombreux.

La loi salique punit d'amende le vol des arbres et certaines de ses dispositions indiquent en même temps que, dès cette époque, les populations qui avaient le droit de prendre dans les forêts les bois nécessaires à leurs besoins, avaient l'habitude de marquer les arbres à abattre.

Aux termes de la loi 4, chapitre VIII, celui qui vole, incendie ou écorce sur pied dans la forêt d'autrui, le bois destiné aux constructions, ou qui vole le bois de chauffage qu'un autre s'est déjà approprié, est passible d'une amende de quinze sols.

D'autres textes punissent le vol de matières ligneuses, qui aurait été commis dans la forêt commune ou les dégâts aux bois qu'un autre s'est déjà réservés.

Toutefois, aucun délit n'est imputé à celui qui coupe un arbre marqué par un autre, pourvu qu'il se soit écoulé plus d'un an depuis la marque ; mais avant l'expiration de ce délai, il y a délit et peine encourue.

Pour se rendre compte de l'importance des peines destinées à réprimer les délits, il est curieux de les comparer à celles qui étaient édictées dans le but de protéger les personnes.

Si l'on payait quinze sols pour avoir coupé ou brûlé des arbres propres aux constructions ou au chauffage, il n'en coûtait que deux cents sols pour violer une fille, ou séduire une femme mariée, et seulement trente sols pour frapper un homme à la tête, de manière à lui faire sortir trois os.

Ce rapprochement montre avec quelle rigueur le législateur salien punissait les délits forestiers.

La loi des Burgondes ou Bourguignons, qu'on nomme loi Gombette, contient des dispositions également dignes d'être remarquées, et ces remarques se portent sur le caractère hospitalier de ce peuple.

D'après elle, les pauvres ont le droit de prendre dans la forêt d'autrui les bois gisants et provenant d'arbres sans fruits, nécessaires à leurs besoins, et le propriétaire qui s'oppose à l'exercice de ce droit est puni d'une amende de six sols.

Mais, celui qui coupe des arbres à fruit sans la permission du maître, doit payer à celui-ci autant de sols qu'il a coupé d'arbres ; si c'est un esclave, il sera frappé avec un bâton.

Enfin dans cet examen rapide des premiers monuments législatifs que retrace si bien M. Léon Bruand, il y a lieu, dit cet auteur, de rappeler un texte de la même loi Gombette relatif aux défrichements :

« Si une portion de forêt indivise a été défrichée soit
« par un Burgonde, soit par un Romain, le défricheur
« laissera en toute propriété à son hôte co-propriétaire,
« une quantité de forêt égale à celle du sol défriché,
« lequel demeurera la propriété exclusive de celui qui
« aura opéré le défrichement. »

Pour comprendre cette disposition, il faut se rappeler que lorsque les Burgondes vinrent s'établir dans la partie de la Gaule comprise entre la Saône et le Jura, leur occupation n'eut pas un caractère violent, comme celle des Francs ; ils furent considérés comme des hôtes donnés aux Gallo-Romains, et un partage des terres eut lieu suivant des proportions définies entre les anciens habitants et les nouveaux venus. Le romain conserva le tiers des terres et les 2/3 des esclaves, et le bourguignon obtint les 2/3 des terres et le tiers des esclaves ; on avait tenu compte des habitudes des deux peuples, ainsi que le fait observer Montesquieu dans *l'Esprit des Lois* :

« Le bourguignon, guerrier, chasseur et pasteur, ne
« dédaignait pas de prendre des friches ; le romain gar-
« dait les terres les plus propres à la culture ; les trou-
« peaux du bourguignon engraissaient le champ du
« romain. »

Le bourguignon qui faisait paître ses troupeaux avait donc besoin de peu de serfs, et le grand travail de la culture exigeait que le romain eut moins de glèbe et un plus grand nombre de serfs ; les bois étaient partagés parce que les besoins étaient les mêmes.

En réalité le partage n'avait été fait que pour les terres, et dans chaque lot attribué à un bourguignon et à un romain réunis, la forêt était restée indivise entre eux.

Mais en ce cas de défrichement par l'un des co-propriétaires, d'une portion de bois, l'autre devenait propriétaire exclusif d'une quantité égale à la partie défrichée.

Dans l'énumération des lois barbares relatives aux

délits forestiers, citons la loi des Ripuaires, qui distingue la forêt commune des forêts royales ou particulières, et punit d'une amende de quinze sols celui qui aurait enlevé le bois déjà coupé ou fendu par un autre.

Citons encore la loi des Bavarois, qui traite de la destruction des arbres appartenant à autrui : on distingue, suivant que les arbres portent ou non des fruits, et parmi les essences forestières on cite spécialement le hêtre.

Il y a lieu de remarquer dans leur loi que celui qui coupe ou déracine un arbre est puni d'une amende dont la moitié est attribuée au propriétaire et l'autre au Trésor public parce que la loi a été violée. Il est de plus obligé de planter des arbres semblables à ceux qu'il a détruits et de fournir des fruits au propriétaire, jusqu'à ce que les arbres plantés puissent en produire.

La loi des Visigoths contient aussi quelques dispositions relatives aux fruits et dont les délits sont punis d'une amende déterminée par chaque essence d'arbre.

Les lois des Lombards répriment avec plus de rigueurs les actes dommageables à la propriété forestière : celui qui abattait un arbre réservé ou qui en enlevait seulement la marque avait le poing coupé ou perdait la vie ; la voiture et les bœufs qui avaient servi à enlever le bois étaient confisqués au profit du propriétaire.

Mais les règles les plus terribles ont été édictées par les Marches allemandes ; voici en effet ce que rapporte Michelet dans les *Origines du Droit français :*

« S'il arrivait qu'on se saisît d'un brûleur de cendres, « ou d'un homme qui mît le feu dans le bois, on le liera « sur un van, et on le placera devant les magasins de la « commune ; là, il y aura une charretée de bois allumé, « et on le tiendra nu devant le feu, à neufs pieds de « distance jusqu'à ce que la plante lui tombe des pieds.

« On fera devant ses pieds un feu tel que les semelles « lui brûlent les semelles de ses pieds et non de ses « souliers.

« On est d'avis aussi, que si quelqu'un brûle méchamment la Marche, on placera un tel homme dans la peau « nouvellement écorchée d'une vache ou d'un bœuf, on « le couchera à trois pas devant le feu où il est le plus « violent, jusqu'à ce que la flamme flambe par dessus et « on répétera cela deux ou trois fois, toujours à l'endroit

« où le feu est le plus violent ; cela fait, mort ou vif il a
« amendé sa faute.

« On est encore d'avis que si quelqu'un écorce un
« arbre sur pied, on l'ouvrira par le nombril, on attachera
« ses intestins avec un clou de fer à cheval, à l'endroit
« même où il aura commencé à écorcer, puis on le tirera
« autour de l'arbre, jusqu'à ce qu'il couvre tout l'espace
« qu'il a écorcé, dût-il pas conserver un seul intestin
« intact.

« Celui qui coupe un arbre fruitier avec dessein de le
« voler, aura la main droite liée sur le dos, le ventre
« cloué sur le tronc ; une hache sera placée près de sa
« main gauche pour qu'il se détache s'il peut.

« S'il arrivait qu'un homme fût trouvé coupant du bois
« pendant la nuit, on emmènera l'homme ainsi trouvé,
« avec le tronc qu'il aura abattu ; on transférera l'homme
« et le tronc à Spelle sous le tilleul et sur ce tronc on
« coupera la tête au coupeur de bois d'un seul han. »

La démonstration de l'importance qu'avaient les forêts
chez les peuplades sauvages étant faite, je vais indiquer
le premier état de la propriété boisée en France et les
abus qui s'y commettaient.

D'après Malte-Brun, la Gaule était couverte de forêts
immenses entrecoupées de marais profonds.

Parmi les nombreuses nations qui habitaient son territoire, la plus puissante était celle des Celtes (ou la
Gaule des Romains); on y chassait alors, dans les bois
situés entre le Rhône, les Cévennes, la Garonne et la
Méditerranée ; des animaux sauvages dont plusieurs,
tels que l'élan et l'énorme auroch (bœuf sauvage) se
sont retirés vers le nord de l'Europe et ont complè-
tement disparu depuis.

Ces peuples se livraient entre eux des combats achar-
nés, ils formaient des villages sans murailles, habitaient
des cabanes sans meubles, couchaient sur l'herbe séchée
et ne se nourrissaient que de viandes de leurs troupeaux
ou du produit de leur chasse.

Il est certain qu'avant de s'être habitués à manger la
chair des animaux, le gland et la faine étaient la première nourriture de nos ancêtres.

Pline raconte à ce propos que de son temps les Espagnols servaient des glands au dessert après les avoir
fait cuire sous la cendre comme des châtaignes.

Suivant Champier, cette coutume existait encore en Espagne au XVIe siècle.

Liébaut dit qu'il y a deux arbres que l'on doit regarder comme les premiers de tous parce qu'entre autres avantages, leur fruit peut en temps de disette faire du pain avec un peu d'orge et d'avoine.

Legrand d'Aussy, dans l'histoire de la vie privée des Français, cite une charte donnée par un évêque de Metz au VIIIe siècle et dans laquelle le gland et la faîne sont placés sous la rubrique : *des moyens d'alimentation.*

La suppression des forêts pour faire place à des champs de culture de céréales. ou à des plantations de vigne, a fait de rapides progrès après la conquête des Gaules par Jules César ; la production intensive de ce sol encore vierge était bien faite pour allécher les barbares et les encourager dans leur destruction.

Pour défricher les forêts ils n'employaient pas les moyens usités de nos jours ; le feu remplaçait la pioche et la hache, de sorte qu'en quelques années, d'immenses contrées étaient dépouillées de leurs bois. L'exemple de ces défrichements était aussi donné par la politique des Romains dont la tactique était de se débarrasser autant que possible des grands bois, repaires de bandes gauloises qui de temps à autres venaient attaquer les cohortes établies dans les colonies romaines.

N'avons-nous pas aujourd'hui les mêmes causes dans nos possessions du Tonkin et à Madagascar où notamment les bandes de Fahavalos à la faveur des forêts vierges peuvent se tenir cachées pour venir fondre à l'improviste sur nos soldats campés dans les postes éloignés des centres importants ?

La guerre franco-allemande nous a aussi révélé que les Prussiens excellaient à se servir des forêts comme d'un paravant pour leur permettre de dissimuler leurs nombreux bataillons.

Nous voyons donc que tout concourait à l'anéantissement des forêts.

Néanmoins on doit reconnaître que tous ces défrichements ont tourné au profit de l'agriculture ; les eaux ont trouvé un écoulement plus facile et l'assainissement général du pays en a profité. Après l'occupation romaine les premières bases d'une législation sur les forêts furent jetées sous Clovis et les règles en restèrent appliquées jusqu'au règne de Charlemagne qui promulgua un nouveau texte sous le titre de *Lexemendata*.

Par l'énumération de ces lois qu'il serait beaucoup trop long de désigner ici, on voit qu'à cette époque presque contemporaine de la conquête, certains délits prévus permettent de supposer : 1° une résidence fixe de la part des habitants et 2° un partage des terres cultivables qui constituait alors des propriétaires.

Néanmoins à cette époque encore on ne trouve aucune indication permettant d'établir le démembrement de la propriété forestière ; en un mot, rien des droits que des particuliers pouvaient avoir sur ces bois indivis.

Ce qu'on sait, et que nous avons déjà vu, c'est que chez les Bourguignons il y avait des forêts non défrichées, dont on n'avait pas fait le partage depuis la conquête, et même à l'égard des forêts qui avaient été l'objet d'un partage entre les Barbares et les Gallo-Romains ; les prolétaires avaient le droit de prendre du bois pour leurs besoins dans la forêt d'autrui.

Ainsi, dit Dalloz : « chez les Bourguignons, de même « que chez les Ripuaires, toutes les forêts étaient consi- « dérées comme communes sans qu'elles fussent pour « cela *communales* ».

« Quant aux lois des Bourguignons et des Ripuaires, « d'après le même auteur, leurs termes sont très formels « et ils impliquent bien plutôt l'idée d'un droit d'usage « dans la forêt d'autrui que celle d'un droit de propriété « communale ; les produits secondaires, quel qu'en fut le « possesseur, étaient considérés comme faisant partie du « domaine public ; le propriétaire, après avoir marqué tous « les arbres dont il entendait disposer, était censé aban- « donner le surplus aux prolétaires ; une forte amende « était prononcée d'ailleurs contre le propriétaire qui en « aurait interdit l'usage aux habitants ou aux colons. »

L'origine des usages forestiers commence donc à s'entrevoir ; nous verrons bientôt les modifications qui sont survenues. Nous avons vu aussi que la Gaule a été l'objet de partages entre ses différents envahisseurs qui ont partagé à leur tour le fruit de leurs conquêtes avec les chefs des bandes nomades (1), lesquels répartissaient

---

(1) C'était le sort qui attribuait aux guerriers la part à laquelle ils avaient droit chacun dans le partage des terres qui se faisait par lots.

entre leurs hommes, qui allaient devenir des habitants, les terres que le sort leur avait octroyées.

Cette origine des droits d'usage forestiers se reconnaît depuis bien des siècles et on peut dire qu'elle se perd dans la nuit des temps.

La création ayant assigné les forêts aux besoins des hommes, et leurs produits n'ayant alors aucune valeur, on conçoit que le sol boisé, dès le début, fut la propriété de tous, pour devenir ensuite, au fur et à mesure que l'homme se dégageait de l'état sauvage pour vivre en groupe, la propriété d'un nombre restreint d'individus, dont la force, le courage et l'adresse leur avaient donné le privilège du commandement et par suite les rendaient aptes à s'attribuer tout ce qui paraissait satisfaire leurs goûts et leurs besoins, tout en établissant leur suprématie sur les autres.

Cependant cette attribution des forêts à ces hommes rehaussés de leurs semblables, n'allait pas jusqu'à l'exclusion des besoins que pouvaient avoir le reste des habitants ; ceux-ci étaient tolérés à prendre ce qu'il leur fallait pour se chauffer ou construire leur demeure, et les bestiaux qu'ils possédaient trouvaient également leur nourriture dans le pacage du terrain boisé.

Cette tolérance créée par la nécessité n'était pas un droit, puisqu'il n'en existait pas ; mais elle constituait obligatoirement, pour les habitants, les ressources autorisées et nécessaires à leur existence.

Plus tard, quand les hommes groupés sous l'autorité d'un chef commencèrent une organisation sociale, ils créèrent des cités, espèces de communes, et les terres environnantes leur étaient partagées.

Le sol, recouvert presqu'exclusivement de bois, fut défriché, en partie, pour assurer quelques cultures grossières ; et ce qui restait de forêt leur procurait le moyen de nourrir leurs bestiaux, tout en leur assurant le bois qui leur était nécessaire.

On peut donc dire que l'usage forestier a débuté sous l'empire du droit naturel.

Nous verrons plus tard comment il s'est développé, a pris forme en un mot, pour devenir comme la propriété foncière, un véritable titre immobilier.

Le régime des forêts s'est maintenu dans l'état que j'ai indiqué précédemment jusqu'à la fin du XIII° siècle, quoiqu'après le démembrement de l'Empire carlovingien les lois et règlements n'ont plus été observés ; la France étant plongée dans un état d'anarchie absolue, il en est résulté un oubli de ses lois, et un désordre complet qui fit que les propriétés forestières furent de la part des seigneurs qui les possédaient conditionnellement, l'objet de leurs bons plaisirs.

Les droits des prolétaires ont subi des réductions considérables pendant ces temps troublés, contrairement aux règles générales des *Capitulaires* qui les garantissaient des prétentions arbitraires des seigneurs de cette époque.

L'oubli des lois, je le répète, qu'une royauté affaiblie ne pouvait faire respecter, fit qu'en chaque contrée les seigneurs féodaux établirent à leur convenance par des chartes, des règles qui peu à peu, dans chaque province, ont constitué les *Coutumes* que nous retrouvons encore aujourd'hui.

Les abus, tant des seigneurs que des habitants, étaient exhorbitants et il est assez difficile de donner raison aux uns ou aux autres, car, si l'on consulte les auteurs qui se sont occupés des droits d'usage, on constate que chacun d'eux apporte dans ses commentaires une appréciation diverse, et qu'il juge avec son tempérament de psychologue les actes ou les faits provenant soit des seigneurs, soit des habitants.

Il n'y a que la validité de la possession des usages qui est unanimement reconnue par tous les écrivains ; et même certains repoussent assez sévèrement toute idée qui permettrait de croire qu'ils pussent provenir des faveurs seigneuriales.

Michelin, par exemple, pense que l'origine des droits d'usages forestiers est beaucoup plus ancienne que la féodalité, et, au lieu d'y voir des libéralités des seigneurs, il la regarde plutôt comme une restitution, comme un reste de prérogatives plus considérables que les populations riveraines des forêts auraient exercées dès le principe.

Legrand, dans ses commentaires de la coutume de Troyes, s'exprime ainsi :

« Nous ne devons pas dire que tous usages, soit forêt
« ou pâtures, viennent des seigneurs, par cette raison
« que tous les habitants étaient censitaires du maître du

« territoire, ce qui n'est pas vraisemblable, mais plutôt
« que de toute ancienneté et avant la création des rois,
« les forêts étaient publiques et communes au peuple,
« vu que par le droit civil, les bêtes sauvages étaient
« à celui qui les pouvait prendre.

« Ce qui doit avoir lieu principalement en cette cou-
« tume et autres auxquelles (comme nous avons dit)
« le roi, ni par conséquent les seigneurs ne sont pas
« fondés en la seigneurie directe au dedans de leur
« territoire, s'ils n'ont titres exprès. »

Le savant Adrien de Valois, dans sa notice des Gaules,
invoque la législation germaine à l'appui de cette opinion
et s'exprime ainsi :

« Il est certain, ainsi que nous avons pu le voir en
« étudiant dans les lois barbares les dispositions rela-
« tives aux forêts, que le droit de prendre dans la forêt
« d'autrui le bois ou les fruits nécessaires (le droit
« d'usage en un mot) y est présenté comme une ins-
« titution de droit naturel.

« Dans la plupart des coutumes germaines le voyageur,
« le prolétaire qui traverse un bois, un verger, peut y
« prendre de quoi faire un repas, y faire paître et reposer
« ses animaux ; certaines coutumes règlent même l'éten-
« due de la tolérance, d'autres punissent le propriétaire
« assez inhumain pour s'y opposer.

Malgré les changements apportés à l'état politique et
social, dit M. Léon Bruand, « les droits ont dû être
« maintenus en certains points du territoire où par exem-
« ple en Alsace et dans les Pyrénées, les paysans
« conservent en fait la plus large jouissance des forêts,
« malgré la rapacité des seigneurs à certaines époques.

« Quant aux libéralités de ceux-ci, on conçoit qu'elles
« n'aient dû être souvent que la restitution aux habitants
« de droits dont leurs ancêtres avaient été privés au
« moment de la révolution féodale. »

Proudhon soutient la thèse ci-dessus en la généralisant
dans son traité des droits d'usage. Voici son raisonnement :

« L'existence des communes a précédé celle des fiefs
« et la propriété des communes a précédé l'invasion des
« barbares ; par conséquent, si les seigneurs ont fait
« aux communes des concessions usagères, c'est qu'ils

« avaient dépouillé ces communes de leur territoire dont
« ils sont devenus propriétaires.

« Donc, partout où un droit d'usage a été constitué au
« profit d'une commune sur la forêt d'un seigneur, il
« est démontré par ce seul fait que sa commune pro-
« priétaire originaire a été injustement dépouillée par le
« seigneur. »

Dans les *Sources du Droit naturel*, M. A. Bouthois se
résume ainsi : « Les droits d'usage sont un reste, un
« vestige épargné par les siècles de l'ancien droit de
« propriété sur les forêts dont les communes ont été
« exhérédées et non une concession gratuite, un don
« gracieux de la libéralité des seigneurs ; le temps qui
« transforme toutes choses a fini par donner à l'usurpa-
« tion toutes les apparences du bienfait. »

J'usqu'au XIII° siècle, dit M. Meaume dans son
Droit d'Usages, « tous les bois, autres que ceux du
« domaine royal, restèrent entre les mains des seigneurs
« ou des établissements ecclésiastiques, qui, eux aussi,
« avaient opéré de nombreux défrichements et puissam-
« ment contribué aux progrès de l'agriculture. Les forêts
« ne commencèrent à sortir des mains des seigneurs ou
« des corporations religieuses que par l'affranchissement,
« qui fut presque toujours l'origine et le principe de la
« propriété communale.

« Le pacte d'affranchissement n'était au fond que
« la conversion du droit que le seigneur avait sur la
« personne du serf, en un autre droit qu'il acquérait
« sur le bien, le revenu ou le travail de l'affranchi ;
« la servitude cessait d'être personnelle ; elle devenait
« réelle, et, comme les conditions onéreuses d'un pareil
« contrat ne pouvaient être remplies qu'au moyen d'une
« certaine aisance, les affanchis obtinrent des con-
« cessions, qui, jointes à celles dont ils jouissaient déjà,
« comme serfs, les mirent en état de subsister avec
« leurs familles et même d'augmenter leur patrimoine. »

Sans remonter à des temps aussi éloignés, il existe
des droits d'usage dont l'origine n'est pas aussi ancienne;
nous verrons ci-après certains documents qui les ont
constitués. Guy Coquille, dans sa *Coutume de Nivernais*,
nous en donne les raisons :

« De grande ancienneté, dit cet auteur, les seigneurs
« voyant leurs territoires déserts ou inhabités, con-

« cédèrent des usages à ceux qui voulaient les habiter,
« moyennant quelques légères prestations, plutôt en
« reconnaissance de supériorité qu'en profits pécuniaires. »

C'est l'avis également de Henrion de Pausey dans sa
Police rurale et forestière, où il s'exprime ainsi : « Les
« seigneurs avaient de grands domaines, des bois con-
« sidérables, peu d'habitants et le désir d'en augmenter
« le nombre. Pour y parvenir, le moyen le plus efficace
« était d'améliorer la condition de leurs vassaux en
« favorisant l'agriculture.

« Pour cultiver, il faut des bestiaux, il faut un bâtiment
« au cultivateur ; mais les bestiaux exigent des pâturages.
« Et, comment bâtir, comment subvenir à mille autres
« besoins, sans la faculté de couper du bois dans les
« forêts ? Les seigneurs se trouvaient donc dans une
« espèce de nécessité de permettre à leurs habitants
« le pâturage sur les terres de leurs domaines et l'usage
« de leurs bois. »

En résumé, on voit que les usages forestiers sont le
résultat, pour certains auteurs, d'une possession tra-
ditionnelle, résultant du droit naturel donné à l'homme
pour son existence, aussi bien que l'air et la lumière,
si on les considère depuis un temps immémorial.

Ou bien, pour d'autres, ils proviennent de consen-
tements onéreux et conditionnels opérés entre les seigneurs et les habitants.

La définition de l'usage forestier, son caractère et ses
origines étant démontrés, conditions qu'il est indispensable de connaître pour être compréhensible, nous
allons examiner les diverses réglementations qui sont
survenues et quelles ont été les causes qui les ont
provoquées.

CHAPITRE II.

De la Délivrance.

Si l'on en croit les historiens qui prétendent que les
usagers abusaient de leur droit pour gaspiller dans les
forêts, il est clair que n'étant pas les plus forts, ils devaient subir, pour des prétextes plus ou moins sincères,
des conditions qui se traduisirent en premier lieu par

l'obligation de demander au seigneur la délivrance des produits auxquels ils avaient droit.

L'imposition de cette obligation n'avait rien de rigoureux et ne pouvait nuire en aucune façon aux droits des habitants ; elle avait pour principe d'affirmer le droit de propriété des seigneurs et de policer en quelque sorte une chose dont les usagers jusqu'alors avaient été les maîtres.

Vis à vis du seigneur, la matière n'était rien, attendu que par elle-même, elle était improductive ; il faut considérer que le bois abattu n'avait absolument que la valeur de la main-d'œuvre d'abattage, de sorte que les seigneurs toléraient volontiers à leurs sujets la faculté de prendre dans les forêts le bois nécessaire à leurs besoins.

D'un autre côté, l'émancipation des serfs encouragée par Louis le Gros, dont les chartes d'affranchissement accordaient des concessions de droit d'usage dans les forêts nationales, soit à des individus, soit à l'être collectif nouvellement créé, *la Commune*, créa et encouragea un mouvement identique du côté des seigneurs et ceux-ci, imitant l'exemple du roi, concédèrent également les mêmes droits dans leurs forêts pour s'attirer des esclaves.

Une charte de 1097 nous montre que Guillaume, comte de Nevers, donne à tous ceux qui voudront se fixer dans le bourg de Saint-Etienne (partie de Nevers aujourd'hui) les droits d'usage dont jouissent déjà les habitants ; il accorde, en outre, de concert avec Hugues, évêque de Nevers, aux frères du monastère de Cluny, les droits de parcours, marronnage, affouage et pacage, dans toutes les forêts qui lui appartiennent.

Cette évolution des serfs n'eut pas lieu seulement dans le pays des Eudéens, c'est-à-dire dans le Nivernais ; elle se fit partout en France ; on peut même dire qu'elle est le début du développement de l'industrie agricole française.

Ces seigneurs qui quittaient les cités fortifiées pour aller coloniser au milieu des terres avec quelques serfs, ne faisaient-ils pas dans ce temps ce que font aujourd'hui nos compatriotes avisés et entreprenants, qui quittent la mère patrie pour aller eux aussi implanter des villages dans les pays exotiques.

Ce débordement des populations dans les campagnes, ces nombreux droits d'usage concédés et cette tolérance dont la pratique se confondait presqu'avec le droit de propriété, devait amener des abus de la part des bénéficiaires, très dommageables pour la propriété forestière.

Michelin, qui prend cependant la défense des usagers, ne peut s'empêcher de les blâmer : « Les déprédations « des habitants, dit-il, allaient encore plus loin ; leur caprice « et non leur besoin était la règle de leur jouissance, « coupant au hasard, dégradant partout ; l'exercice de « leur usage était une véritable dévastation ».

D'un autre côté, les propriétaires oublieux ou repentants des concessions par eux concédées, reprirent les rennes qu'ils avaient un moment abandonnées, et l'arbitraire régnait dans leurs actes ou leurs faits. Michelin cite encore une coutume empruntée à une charte qui démontre l'état d'esprit des seigneurs : « Les habitants « de la communauté ne pourront avancer dans la forêt « juste aussi loin qu'ils atteindront en jetant leur cognée ».

On peut admettre, sans se tromper, je crois, que les abus devaient être excessifs, si l'on pense qu'aucun intérêt dominant de la part des usagers ne leur commandait l'ordre dans l'abattage et l'économie dans la consommation.

Ces déprédations abusives devaient faire naître chez les seigneurs et les pouvoirs publics une tendance de répression qui se traduisit d'abord par l'obligation imposée aux habitants de demander à leurs maîtres la permission de prendre le bois qui leur était nécessaire ; c'est ce qu'on appela *la Délivrance*.

Les règlements relatifs aux délivrances se multiplièrent à l'infini, et tous partaient de ce principe, que l'usager doit demander la délivrance ; imposés aux habitants, ces règlements édictés par des chartes seigneuriales restèrent en vigueur très longtemps et devinrent des *Coutumes*.

Un ancien jurisconsulte dit que ce n'était « qu'ung « raisonnable establissement non escript », et elles étaient tellement nombreuses et diverses qu'elles ont fait dire à Beaumanoir : *Coutumes du Beauvoisis (1295)*, « C'on « ne pourroit pas trouver el royaume de France deux « châstellenies qui de toz cas usassent d'une meisme « coustume. »

Ce fut Charles VII qui entreprit le premier de faire

codifier toutes les Coutumes de France ; une ordonnance datée de Montil-lez-Tours (avril 1454) enjoignit de réunir dans chaque localité une commission chargée de rédiger les coutumes et les usages du pays.

La rédaction devant être soumise à l'examen du Parlement et la confirmation royale la rendait ensuite exécutoire.

Cette sage ordonnance n'eut pas d'effet immédiat ; elle fut renouvelée successivement par Louis XI, Charles VIII et Louis XII et dès le XVe siècle il était passé en maxime de droit public qu'au roi seul appartenait de faire rédiger et de publier une coutume.

Jean de Bourgogne, comte de Nevers, ayant en 1490 recueilli et promulgué la coutume du Nivernais, Charles VIII et Louis XII firent de nouveau procéder à cette rédaction comme si elle n'eut pas existée ; plusieurs coutumes précipitamment rédigées sous les règnes précédents furent révisées et publiées de nouveau à partir du règne de François Ier.

La comtesse de Nevers, Marie d'Albret, voyant les inconvénients qui résultaient pour ses sujets, « lesquels « n'avaient aucune certitude de leurs affaires, et s'ils « entraient en procès étaient contraints de faire grands « frais pour montrer et faire apparoir de la vérité des « dites coutumes à la grande retardation du bon droit et « oppression des pauvres », adressa requête au roi.

Cette requête fut accueillie favorablement par François Ier qui accorda le 30 août 1534 des lettres patentes, donnant pouvoir et commission à la comtesse de Nevers de convoquer les trois états du pays, afin d'aviser à la confection d'un cahier coutumier.

Les coutumes de Nivernais furent rédigées par Guy Coquille, jurisconsulte distingué qui vivait au XVIe siècle, procureur général de la Chambre des comptes, nommé par Ludovico de Gonzague, duc de Nivernais, et dont la ville de Nevers honore sa mémoire en conservant à une de ses rues le nom de cet homme, dont les lumières ont été une des gloires, non seulement du pays nivernais, mais aussi de la France.

La ville de Decize, où il est né le 11 novembre 1523 et décédé le 11 mars 1603, lui érigea le 23 septembre 1849 une statue de bronze.

En ce qui concerne les bois et forêts, les coutumes

2

contiennent vingt-un articles que je reproduis ci-après :

ARTICLE PREMIER. — Bois sont réputés et présumés garennes, quand ils ont clapiers, fossés d'ancienneté ou ancienne dénomination de garenne.

ART. 2. — Bois, buissons et chaume de garenne sont de garde et défense en toutes saisons de l'an, et n'est permis à aucun d'y mener ou envoyer pacager ou autrement en user à jour de l'an que ce soit sans l'exprès consentement du seigneur, et qui fait le contraire à garde faite soit de jour ou de nuit, il est amendable de soixante sols tournois envers le seigneur justicier, et envers le seigneur foncier en deux sols tournois pour chacune beste, et si les dites bestes sont prises à abandon en ladite garenne sans garde faite, chacun ayant bestes doit au seigneur justicier vingt deniers pour la clameur, et au seigneur foncier son dommage tel qu'il sera estimé sauf en la prévôté de Nevers, où il y a trois sols pour le seigneur justicier.

ART. 3. — Audit pays sont autres bois appelés de garde, qui ne sont clos ni fossoyés et portent paisson et ont accoutumé être vendus par le seigneur.

ART. 4. — Esdits bois de garde ceux de la justice où les dits bois sont assis et autres qui ont droit de pâturage et pacage, peuvent envoyer pâturer leurs bêtes de toutes manières, en toutes saisons de l'an sans péril d'amende, sinon depuis la clôture des dits bois jusques à l'ouverture d'iceux, auquel temps les dits bois sont de garde et défense.

ART. 5. — Le temps de la clôture commence le jour et fête de Saint-Michel et dure jusques à la purification de Notre-Dame, etc.

ART 6. — Si aucunes bestes sont prises esdits bois pendant le temps de paisson, garde et défense par jour et nuit, et à garde faite les maîtres des dites bêtes sont amendables envers le seigneur justicier de soixante sols tournois, et envers autre partie de douze deniers tournois pour chacune bête, etc.

ART. 7. — En bois de coupe et de vendue aucun ne peut mener ou envoyer ses bêtes broutans, pâturer ni pacager quelque usage qu'il ait jusques à quatre ans après la coupe, et s'il fait le contraire chacun ayant bêtes prises à garde faite soit par jour ou nuit est amendable envers le seigneur justicier de soixante sols tournois, et pour échappée ou bandon, de sept sols six deniers tournois, sauf en la prévôté de Nevers où il n'y a que trois sols tournois, et envers le seigneur foncier, chacun desdits maîtres en ses intérêts et dommages.

ART. 8. — Si le seigneur propriétaire d'un bois coupé le veut tenir en sa garde et défense pour l'exploiter, vendre le gland et paisson d'icelui, il le pourra faire après vingt ans passés à compter du temps de la coupe d'icelui en le notifiant et faisant à savoir par cri public et affiches aux lieux accoutumés de la justice où les dits bois sont assis, à tous ceux qui ont accoutumé d'y avoir vaine pâture, à ce qu'ils se gardent de plus mener ou envoyer leurs bêtes pâturer en la saison de paisson, garde et défense.

ART 9. — Pour venir ou aller, mener ou envoyer bêtes, couper, prendre bois, ni autrement exploiter en bois et buissons d'autrui, aucun n'acquiert esdites choses droit pétitoire ou possessoir de servitude ou usage s'il n'y a titre ou possession avec paiement de redevance au profit du seigneur propriétaire, laquelle possession avec le dit paiement servira au possessoire, mais quand au pétitoire avec le dit payement est requise prescription suffisante.

ART. 10. — Toutefois jouissance dudit droit de servitude ou usage par temps immémorial *etiam* sans titre ou payement de redevance équipolle à titre et vaut en pétitoire et possessoire.

ART. 11. — Usage de bois régulièrement est tel que l'usager peut prendre bois mort (1) et mort bois (2) en son espèce de bois pour se chauffer et pour ses autres nécessités, si le dit usager n'est amplié ou limité par titre ou prescription suffisante au contraire.

Commentaire de Guy-Coquille. — « De cet article et « de celui qui le suit résulte que le droit d'usage et dit « simplement ne s'estend ni à bâtir ni à paisson pour les « porcs, mais seulement pour prendre bois mort et mort « bois, et n'est pas seulement pour chauffer, ains est .

---

(1) Par édit du roi François 1er du 4 octobre 1523 est ordonné que la charte aux Normands sera observée au Parlement de Paris qui définit que *mort-bois* est saule, marsaulle, ospine, puyne, feulx, aulne, geneêt, genièvre et non autres.

(2) Ladite charte de Normandie définit le bois mort être le bois sec.

« ajouté pour ses autres nécessités comme pour boucher
« les héritages. »

« Et si l'usage est concédé à une communauté d'habi-
« tants, les mesnages de nouvel survenus ne doivent
« changer l'usage. »

« Si l'usager devient beaucoup plus grand, seigneur
« (propriétaire), ou qu'il bastisse une maison plus ample,
« son usage sera restreint à l'état premier de sa maison,
« et si un ménage se part en deux chacun mesnage aura
« son droict, sans toutefois augmenter et sans changer
« d'avantage le bois. »

ART. 12. — Mort bois est tenu et réputé bois non portant fruit, et bois mort est bois chu abattu ou sec, debout,
qui ne peut servir qu'à brûler.

ART. 13. — Usagers ayans droit de prendre bois pour
bastir, ne le peuvent prendre sans soy adresser au seigneur foncier, son forestier ou commis pour venir marquer
et délivrer au lieu moins dommageable dudit bois usager,
que faire se pourra.

Et si lesdits usagers prennent bois à bâtir autrement,
ils sont amendables envers le seigneur foncier posé qu'ils
n'ait justice, pour la première fois, de trente sols tournois ;
pour la seconde fois, arbitrairement ; et pour la tierce,
prendront leurs usages.

Commentaire de G. Coquille. — « Celui qui veut bastir
« doit déclarer au seigneur propriétaire du bois quel bâti-
« ment il veut faire, afin que le seigneur connoisse si ce
« bâtiment est nécessaire ou fort util et s'il est selon la
« qualité de l'usagier, car autrement le seigneur peut lui
« refuser. Le seigneur (propriétaire) a intérêt de connoître
« quel bâtiment, car s'il voulait faire bâtiment non néces-
« saire ou de plus grande étoffe que la qualité de l'usagier
« ne porte, le seigneur lui pourroit refuser, aussi pour
« savoir quelle sorte de bois et en quelle quantité l'usagier
« en aura besoin. »

(Sans soy adresser). — « C'est ce qu'on exprime en
« disant que tous usages en bois sont sujets à délivrance. »

Ce principe est consigné dans l'art. 79 du Code forestier
qui nous régit actuellement : « les usagers qui ont droit
« à des livraisons de bois de quelque nature que ce soit,
« ne pourront prendre ces bois qu'après que la délivrance
« leur en aura été faite par les agents forestiers, sous les
« peines portées par le titre XII, pour les bois coupés en.

« délit. » Cet article est rendu commun aux bois des particuliers par l'art. 120.

Art. 14. — Et si lesdits usagers requièrent la marque et délivrance audit seigneur, ou son forestier, ou son commis, et il en est refusant ou delayant, ils le pourront sommer en justice ou pardevant notaires, et ce fait, huit jours après pourront user de leurs usages franchement sans péril d'amende.

Art. 15. — Usagers de quelque qualité qu'ils soient, ne peuvent vendre bois, herbe ou autre chose quelconque croissant ou étant en l'héritage duquel ils sont usagers, ne prendre, ne mener bêtes d'autrui avec les leurs, pour user de même droit qu'ils ont, n'autrement abuser de leurs usages. Mais leur est seulement permis de prendre les dites choses pour leurs usages et en user comme bons pères de famille. Et s'ils font le contraire, ils seront punis arbitrairement selon l'exigence des cas.

Ne peuvent vendre bois. G. *Coquille.* — « Il ne faut « mesurer ces usages selon le droit romain au titre De « usu et habit , qui est servitude personnelle et est pour « la seule commodité de la personne.

« Car ces usages de notre coutume sont réels et per- « pétuels, ils appartiennent aux usagers à cause des héri- « tages desquels ils sont détenteurs, et est à croire qu'ils « ont autrefois été concédez par les seigneurs, afin d'attirer « des laboureurs et autres personnes pour peupler leurs « seigneries et avoir nombre de sujets, pourquoi mon avis « est que ce droit d'usage ne doit pas être pris si fort « à l'étroit, et à ce moyen l'usager qui a droit de paisson « pour tous ses porcs, etc. . . . .

Il ajoute : « le droict et propriété de l'usage ne peut être « vendu et transféré *seul*, mais bien avec le *tènement* pour « raison duquel il a été concédé. Car le droict de l'usage « suit le tènement et adhère à icelui, et si un mesnage se « part en deux, les deux ne devront avoir plus de droict « qu'avoit le mesnage réuni.

« Ce que je voudrois entendre si les mesnages se mul- « tiplinaient par survenance de personnes étrangères autres « que gendre et bruz.

« Car si les mêmes anciens détenteurs par la bénédiction « de Dieu ayant grande lignée et facent des colonies, je « crois que c'est toujours la même famille, combien que « ce soient divers feux.

« Ou bien si la concession de l'usage était faite indé-
« finiment aux habitants d'un village sans nommer les
« particuliers, car les nouveaux venus se trouveroient
« compris dans la concession »

Le code forestier actuel contient deux articles relatifs
à ces questions.

Art. 83. — « Il est interdit aux usagers de vendre ou
« d'échanger les bois qui leur sont délivrés, ou de les
« employer à aucune autre destination que celle pour
« laquelle le droit d'usage a été accordé.

Art. 70. — « Les usagers ne pourront jouir de leurs
« droits de pâturage et de pacage que pour les bestiaux à
« leur propre usage et non pour ceux dont ils font com-
« merce. »

Art. 16. — Ceux qui sont trouvés chassans en garennes
ou conninières, sont punissables comme larrons.

Comme larrons. G. Coquille. — « On trouve même des
« lois de l'ancien règne qui punissent des galères pour
« avoir tué un lièvre ou un chevreuil sans droit. »

Le seigneur, sire de Coucy, près de Soissons, fit mettre
à mort deux jeunes gens de vingt ans, qui avaient chassé
des lapins.

Cette sentence produisit tant de bruit, que le roi fit
néanmois faire amende honorable au dit seigneur.

Les articles 17, 18, 19 et 21 sont relatifs aux fruits que
peut produire la forêt et à la quantité de bestiaux que
peuvent y mener les usagers.

Les rois, dès que leur autorité s'est raffermie, ont aussi
senti la nécessité de soumettre à des réglements, les
droits d'usage qui existaient sur les forêts de la Couronne.

Philippe le Hardi commença par l'ordonnance rendue au
parlement de la Toussaint, en 1280, ainsi conçue : « *Des
« livrées qui se doivent faire aux usagers.* Aux usagers
« des forests du roy seront faictes livrées en lieux propres
« et commodes, et si esdites livrées ne se trouve mareur
« ou matière et bois nécessaire au dit usage à suffisance
« leur en sera délivré ailleurs es dit forests par les fores-
« tiers sans préjudice de leurs privilèges si aucuns en
« ont. »

François Ier a rendu plusieurs ordonnances pour régle-

menter également les usages ; celle de mars 1515 dit,
art. 46 : « Quant aux usagers qui ont droict et coutume
« de prendre bois ez forests, pour ardoir et pour édifier,
« ou pour leurs autres usages, et avoir pasturage ou telle
« chose semblable (comme nous ne voulons à chacun
« donner sans cause empèchement n'y aussi par mal usage
« notre domaine estre pery) soient les maistres diligens
« de voir leurs titres et enquèrir de leurs possessions,
« la manière d'user de l'estat de la forest et ce qu'elle peut
« souffrir ; et ceux qui auront à outrage abusé ne soient
« pas laissé jouyr et les autres soient soufferts par at-
« trempance mise, s'il le convient selon la possibilité des
« forests et la qualité des personnes.

« Art. 47. — Item semblablement les maistres sur les
« peines de devant ne pourront donner congé ou licence
« à un homme usager ou coutumier d'ardoir, ne user de
« bois ou pasturages autre part qu'au lieu, pour raison
« duquel il prend et perçoit ledit usage et coustume. »

Le bout de l'oreille qui perce dans cette ordonnance
était ni plus ni moins une façon légale d'enlever aux trois
quarts des usagers des forêts de la couronne leurs droits
au bois. En effet, l'obligation qu'on exigeait d'eux de
fournir leurs titres était d'un haut comique, attendu
qu'on ne leur en avait jamais délivré, surtout dans ces
temps où le papier et les rédacteurs étaient si rares.
Les usagers à cette époque étaient comme beaucoup de
propriétaires ; des possesseurs sans titres.

Les années 1554 et 1583, sous Henri II et Henri III
virent aussi de nouvelles ordonnances relatives ; la
première : art. 29 « Quels bois les usagers doivent
« prendre » ; la seconde : art. 2 « Défense aux usagers
« de couper aucun bois sans la permission des officiers. »

Enfin, c'est sous Louis XIV que Colbert dota la
France de la fameuse ordonnance de 1669, qui est la
base de notre code forestier actuel, lequel fut promulgué
sous Charles X, et qui comprend la loi du 21 mai 1827,
composée de deux cent vingt-six articles.

Jusqu'à présent, nous voyons que les raisons qui ont
présidé à la rédaction des chartes ou des ordonnances
royales édictées dans le même ordre de vues, n'ont eu
pour but, abstraction faite de certaines convoitises per-
sonnelles, que la défense de la propriété forestière qui
était vouée à un pillage conduisant à un amoindrissement

fatal, tant les abus dans les bois de la part des habitants allaient grandissant.

Tous ces règlements que l'on ne doit pas regretter aujourd'hui nous ont assuré la conservation d'une ressource nationale qui répond encore à la consommation publique et surtout au bon hygiène du pays.

On serait tenté de croire, après avoir parcouru les nombreuses lois, coutumes, ordonnances, etc., que de nos jours la délivrance ne peut être contestée ; elle l'est en effet, et quoique en ait dit Meaume : « qu'un usage sans délivrance préalable ne se comprenait pas », on rencontre nombre d'usagers qui se refusent à remplir cette formalité, ce qui a donné lieu à quantité de procès dont les résultats ont été tantôt favorables aux usagers ou tantôt à l'avantage des propriétaires.

La variété des usages forestiers est considérable ; cette diversité provient soit de leur origine, soit de la nature des titres usagers, soit encore des interversions que les usagers dans leur manière d'exploiter, ou les propriétaires par négligence ou incurie, ont su leur faire acquérir par suite des prescriptions de notre droit civil.

Aussi, ne vais-je m'attacher qu'à examiner la question qui peut se poser pour les usagers d'Imphy : doivent-ils demander la délivrance ?

Le fait que des usagers ont transactionnellement admis et accepté de jouir selon des coutumes, dont l'application des règles pour la jouissance n'a jamais pu être démontrée, et ne peut plus se faire de nos jours par suite de leur abrogation par les lois nouvelles, peut-il les obliger à jouir selon les prescriptions de cette ancienne transaction ?

La transaction de 1619 qui a toute l'apparence d'un cantonnement (puisqu'avant celle-ci les usagers avaient droit dans la totalité des bois qu'on a réduit pour eux à 1/3) donne-t-elle à ces usagers le droit d'en jouir comme propriétaires et la prescription civile confirme-t-elle ce droit ?

Toutes ces questions montrent le trouble et la discordance qui existent encore ; c'est pourquoi je les expose ici. Et, pour les examiner, comme je le disais ci-dessus, je vais me borner, afin de mettre le plus de clarté possible et en même temps donner une autorité incontestable, à citer l'opinion des jurisconsultes éminents : Dalloz, Meaume, Proudhon, Curasson, tout en joignant à leurs théories les arrêts et jugements de la cour de cassation, cours d'appel et tribunaux qui viennent à l'appui pour confirmer leur opinion.

Ce qui pourra permettre à ceux de mes lecteurs qui ne sont pas initiés à cette jurisprudence de se rendre compte de la situation, au point de vue juridique, de leur propriété usagère.

Voici comment s'expriment MM. Dalloz et Ch. Vergé dans leur *Code forestier :*

« Parmi les règles de police applicables à l'exercice
« des droits d'usage en bois, il y en a deux qui sont
« communes aux usagers en bois de chauffage et à ceux
« qui ont droit au bois d'œuvre.

« Ces règles sont relatives : 1° à la délivrance ;
« 2° à l'interdiction de vendre.

« *Délivrance.* — En règle générale, aucun droit ne
« peut être exercé dans une forêt sans délivrance préa-
« lable ; un usager ne peut jamais se servir lui-même et
« sans le consentement du propriétaire. Si le consente-
« ment est refusé sans motifs légitimes, le propriétaire
« est passible de dommages-intérêts.

« Le code forestier n'a fait que confirmer par son
« article 79 les principes de l'ancienne législation ; cet
« article porte que les usagers qui ont droit à des
« livraisons de bois de quelque nature que ce soit, ne
« pourront prendre ces bois qu'après que la délivrance
« leur en aura été faite.

« Cet article, rédigé pour l'exercice des droits d'usage
« dans les forêts domaniales, est déclaré applicable aux
« bois des particuliers par l'art. 120 du même code.

« Sous l'ordonnance de 1669, on a élevé la question de
« savoir si les dispositions de cette ordonnance qui
« obligeaient les usagers à demander la délivrance quand
« leur droit devait s'exercer dans les forêts de l'État,
« étaient applicables lorsque ces mêmes droits grevaient
« des forêts appartenant à des particuliers.

« La négative a été soutenue avec chaleur par Proudhon,
« qui a consacré plus de deux cent cinquante pages de
« son traité des droits d'usage, au développement de son
« opinion.

« Cette discussion a peu d'intérêt aujourd'hui, surtout

« depuis la promulgation du code forestier qui a formel-
« lement décidé que l'obligation de demander la déli-
« vrance s'applique aux bois des particuliers comme aux
« bois domaniaux.

« Quoiqu'il en soit, nous pensons contrairement à
« l'opinion de Proudhon, que l'ordonnance de 1669 n'a
« point été introductive d'un droit nouveau, relativement
« au point qui nous occupe.

« Elle n'a fait que rappeler les anciennes ordonnances
« de 1280, 1520, 1540 et 1583, lesquelles, par leur
« généralité, s'appliquaient aux bois de la couronne
« aussi bien qu'aux bois des particuliers.

« Ce point généralement admis par tous les anciens
« auteurs a été consacré par la Jurisprudence, 13 oct.
« 1820, aff. Bouzonnet, M. Chantereyne, rapp.

« Crim. cass., 13 août 1839, aff. Digoy, Bourges ;
« 10 déc. 1841, aff. Mortemart.

« Cette question ne peut faire aujourd'hui l'objet d'au-
« cune difficulté sérieuse, mais il n'en est pas de même
« de celle de savoir si l'obligation de demander la déli-
« vrance était d'ordre public, pour l'exercice des droits
« d'usage dans les bois des particuliers, sous l'empire de
« l'ordonnance de 1669 et des ordonnances antérieures.

« Constatons d'abord qu'on n'a jusqu'à présent rencon-
« tré aucun titre qui ait expressément dérogé aux dispo-
« sitions relatives à la délivrance qui sont écrites dans
« l'ordonnance de 1669 ou dans les ordonnances an-
« térieures.

« Remarquons même que l'ordonnance de 1669 ne
« contient aucune disposition explicite relativement aux
« délivrances à faire dans les forêts de la couronne, qu'elle
« est absolument muette à l'égard des particuliers ; et
« que c'est bien plutôt dans les ordonnances antérieures,
« qu'on trouve la prohibition dont nous avons à apprécier
« la portée.

« Quant aux titres, les seuls qui peuvent donner lieu à
« discussion, sont ceux qui, sans déroger expressément
« aux ordonnances en ce qui concerne la délivrance, y
« dérogent implicitement, en permettant à l'usager de se
« servir par ses mains sans avoir besoin de requérir le
« consentement du propriétaire.

« Suivant Proudhon, l'obligation de demander la déli-
« vrance n'a jamais pu être considérée comme étant

« d'ordre public ; (Un bois particulier, dit-il, est une
« chose entièrement à la disposition du propriétaire,
« comme étant dans le commerce, sauf les servitudes
« pour cause d'utilité publique ; cette espèce de propriété
« peut être aliénée par son maître sans aucune réserve et
« dans le sens le plus absolu ; à plus forte raison elle
« peut n'être aliénée qu'en partie, et sous toutes les mo-
« difications réservées par le propriétaire ; il pouvait tout
« aliéner parce que le tout lui appartenait ; il a pu de
« même s'associer un co-propriétaire ou un communier
« dans sa jouissance, encore que l'un ne soit point mis
« à l'égal de l'autre, d'où il faut conclure, que si l'usager
« a un titre positivement contraire à la demande en régle-
« ment de coupes, le propriétaire, ou celui qui représente
« le propriétaire qui l'a consenti, doit en subir la loi).

« La raison de cela, c'est, comme on vient de le dire, que
« tout est ici aliénable, et que d'ailleurs le droit d'usage
« peut n'être pas absolument pur ; que dans sa nature
« mixte, il peut comporter une participation plus ou
« moins considérable à la propriété du fonds, et que celui
« qu'on appelle usager, peut avoir le droit de revendiquer
« les avantages de la co-propriété, avec plus ou moins
« d'étendue, encore qu'il ne dut pas être considéré com-
« me étant à l'égal du propriétaire primitif ; que le droit
« d'exploiter sans permission est un des avantages atta-
« chés à celui de propriété ; qu'il peut par conséquent
« être cédé ou acquis, comme tous au'res ; qu'ainsi il
« doit être permis à l'usager qui a acquis ce droit, de
« couper sans autre autorisation, comme il est permis
« aux communiers, d'user de la chose commune, tant
« qu'elle est indivise entre-eux, et d'en user sans que
« l'un soit soumis à l'autorité de l'autre pour s'en servir.

« Cette opinion est adoptée par M. Curasson ; cependant
« cet auteur est moins explicite que son devancier ; et il
« n'admet comme pouvant dispenser de l'obligation de
« demander la délivrance, que des titres formels et posi-
« tifs assurant aux usagers la faculté de prendre des bois
« à discrétion et sans qu'il fut besoin de délivrance.

« On peut invoquer en faveur de cette opinion plusieurs
« arrêts ; mais ils ne contiennent aucun motif péremptoire
« à l'appui de la solution qu'ils adoptent.

« Ainsi la Cour de Montpellier ayant admis que des
« usagers, poursuivis pour avoir coupé des bois sans

« délivrance, avaient pu élever valablement, devant la
« juridiction correctionnelle, une exception préjudicielle
« tirée des titres qui leur accordaient cette faculté, la
« chambre Criminelle, en rejetant le pourvoi formé contre
« cet arrêt, a implicitement reconnu la légitimité de sem-
« blables titres (Crim. rej., 4 janv. 1821 ; hab. de la com.
« de Sorede, M. Chantereyne rapp.).

« Nous croyons au contraire que l'obligation de deman-
« der la délivrance est absolue et d'ordre public, aussi
« bien lorsqu'il s'agit de bois des particuliers, qu'en ce qui
« concerne les bois de l'Etat ; il est évident que cette
« mesure prise très anciennement (1280), dans un inté-
« rêt de conservation des bois et reproduite par toutes
« les grandes ordonnances, des quinzième, seizième et
« dix-septième siècles, avait pour but d'assurer la perpé-
« tuité de la richesse forestière que l'exercice des usages
« sans délivrance a pour effet nécessaire d'amoindrir.

« Il n'a donc pu être dérogé à ces dispositions de
« police, par une convention particulière ; c'est d'ailleurs
« en ce sens qu'ont jugé de nombreux arrêts.

« Crim. cass., 24 août 1820 — Conf. crim. cass. 3 sept.
« 1808. Aff. Knauf V n° 1560 ; civ. cass. 16 mars 1836.
« Aff. Bussiéres V usage ; 13 août 1839. Aff. Digoy V
« n° 1464 ; Nîmes, 13 mars 1840. Aff. curé de S' Bonnet,
« C. Mignot ; Bourges 10 déc. 1841. Aff. Mortmar C.
« com. de Meillant.)

« Mais, dans tous les cas, il est clair que la nécessité de
« la délivrance ne peut incomber qu'au véritable usager
« et non à celui qui jouirait d'un droit d'une nature par-
« ticulière, ayant une certaine affinité avec celui de pro-
« priété.

« M. Meaume, qui défend avec nous l'opinion que, sous
« l'empire des lois antérieures au code forestier, la
« délivrance était d'ordre public, pense cependant que si
« un propriétaire a consenti sous la législation nouvelle
« l'exécution d'un titre ancien, il a valablement reconnu
« l'exactitude du droit des usagers.

« Cette solution suppose nécessairement qu'on pourrait
« déroger sous l'empire du code forestier aux art. 79 et
« 120 de ce code, ce que nous croyons très contestable,
« aussi longtemps du moins que subsistera la législation
« qui interdit les défrichements aux particuliers. Dans le
« cas où cette interdiction serait levée, il nous paraît

« évident que les clauses dérogatoires aux art. 79 et 120
« pourraient recevoir leur exécution.

« Quelques titres conformes à ce point aux coutumes
« sous l'empire desquelles ils ont été consentis, autorisent
« les usagers à prendre eux mêmes livraison des bois,
« lorsqu'ils ont fait sommation au propriétaire d'avoir à
« les leur délivrer et que cette sommation est restée sans
« réponse.

« Cette sorte de délivrance tacite était généralement
« usitée dans l'ancien droit, (coutume de Lorraine, de
« Nivernais, de Sedan) ; elle ne serait plus admise sous
« l'empire du code forestier, dont l'art. 79 exige néces-
« sairement une délivrance préalable.

« Il résulte de cette disposition, que le silence du pro-
« priétaire établit une présomption légale de son refus de
« délivrer ; à plus forte raison, les usagers ne peuvent-ils
« exercer leurs droits après sommation, lorsque l'acte
« par eux signifié contient le refus du propriétaire. Les
« usagers ne peuvent demander contre le propriétaire
« récalcitrant que des dommages intérêts (Nancy, 23 mars
« 1838, aff. Dupont n° 1559).

« Si cependant un propriétaire avait consenti tacitement
« l'exercice du droit ; si par exemple, il avait établi en fait
« que les bois avaient été enlevés par l'usager au su et
« au vu du propriétaire, celui-ci ne serait plus recevable
« à opposer le défaut de délivrance. Dans tous les cas,
« l'usager poursuivi devant le tribunal correctionnel
« pourrait prouver par témoins le fait du consentement
« tacite du propriétaire, lequel équivaut à une délivrance
« écrite. (Crim. ref. 16 juin 1842.)

ARRÊTS ET JUGEMENTS A L'APPUI
(Cour de cassation, 9 mai 1822.)

« Et attendu que les ordonnances de 1280, 1529, 1540
« et 1585 ont, ainsi que l'ordonnance de 1669, titre 26,
« article 2 et 6 et titre 32, article 2, 13 et 28, établi en
« principe que les usagers qui ont droit de prendre pour
« leurs besoins des arbres ou du bois dans les forêts, ne
« peuvent rien abattre, ni enlever de leur autorité privée ;
« qu'il sont tenus, sous peine d'être considérés et punis
« comme délinquants, de s'adresser aux propriétaires, de
« leur exposer les besoins qu'ils ont de telle ou telle
« espèce ou quantité de bois et d'en demander la déli-

« vrance ; — que si les propriétaires valablement requis
« n'ont point égard à des demandes légitimes, il n'appar-
« tient dans aucun cas aux usagers de se faire eux-mêmes
« une justice qu'ils doivent attendre des tribunaux ; —
« qu'ainsi, l'enlèvement arbitraire à force ouverte d'arbres
« coupés dans un bois, sous le prétexte d'un droit d'usage
« nécessairement soumis pour son exercice aux lois et
« règlements, constitue un délit forestier et qu'il ne peut
« y avoir lieu à la question préjudicielle et à la suspension
« des poursuites que dans le cas où l'existence des droits
« réclamés par les prévenus, étant reconnue en justice,
« fait disparaître toute idée de délits ; — que c'est au
« juge à qui la connaissance du délit appartient, à déter-
« miner d'après les circonstances établies devant lui, les
« condamnations qu'elles doivent entraîner, et que si le
« plaignant peut avoir dans la suite à s'imputer de n'avoir
« pas attendu le jugement d'un procès civil dont le résultat
« aurait augmenté la masse de ses dommages-intérêts,
« on ne peut, par un motif tiré de son intérêt particulier,
« arrêter ses légitimes poursuites ; — que d'ailleurs, en
« matière de délits forestiers, les amendes et restitutions
« auxquelles ces délits donnent lieu sont toujours fixes,
« déterminées par la loi et conséquemment indépendantes,
« sous le rapport de leur quotité, de circonstances étran-
« gères.
« Et attendu que dans l'espèce, et en supposant l'exis-
« tence des droits de chauffage et bâtissage que les habi-
« tants du village de Combres, prétendent exercer dans la
« forêt d'Aigue-Perse, la coupe illégale d'une quantité
« considérable d'arbres, enlevée sans délivrance, accor-
« dée par le propriétaire ou réglée en justice, formait
« toujours un délit commis au mépris des lois conserva-
« trices des forêts et dont rien ne pouvait arrêter la
« poursuite.
« Que cependant la cour de Limoges au lieu d'y statuer
« immédiatement comme elle pouvait et devait le faire,
« a suspendu l'exercice de la juridiction criminelle, jus-
« qu'après la décision d'un procès civil, dont le juge-
« ment, en le supposant favorable aux prévenus, n'aurait
« pu anéantir le déni pour lequel ils étaient poursuivis,
« en quoi la dite cour royale a violé les règles de sa
« compétence et commis un déni de justice qu'il est du
« devoir de la cour de réprimer ; — par ces motifs, casse

« et annule l'arrêt rendu par la cour royale de Limoges,
« le 28 février dernier.

Cour de cassation, 24 août 1820

« La cour, vu les ordonnances, etc., etc.,
« ......attendu qu'il résulte de ces lois, que les usagers
« qui ont le droit de prendre du bois ou des arbres dans
« les forêts pour de nouvelles constructions, ne peuvent
« couper, abattre ni enlever aucun bois de leur autorité
« privée, qu'ils doivent, sous peine d'être considérés
« comme délinquants et punis comme tels, s'adresser
« soit aux officiers chargés de l'inspection et conservation
« de l'État, soit aux propriétaires de bois et forêts parti-
« culières, leur exposer leurs besoins de bois de telle ou
« telle autre espèce et former leur demande en délivrance,
« etc......

« Que si les anciennes ordonnances antérieures à celle
« de 1669, semblent ne s'être occupées que des forêts
« royales, l'intérêt égal de la conservation des forêts
« particulières n'a jamais permis de douter que les dispo-
« sitions de ces ordonnances ne dussent être appliquées
« à ces forêts particulières et qu'elles ne dussent être
« administrées d'après les mêmes règles ; que c'est ainsi
« qu'ont pensé les auteurs qui ont traité des matières
« des eaux et forêts, tels que Guy-Coquille, Saint Jon,
« Galon, Chaillaud, Pecquet, Simon et Jousse, dont
« l'opinion a été adoptée et soutenue par plusieurs cou-
« tumes, notamment celles de Troyes et du Nivernois,
« etc.....

« Que les usagers qui se permettent de tels faits sans
« avoir préalablement rempli les obligations que les lois
« leur imposent pour obtenir des propriétaires des forêts
« la marque et la délivrance des bois dont ils peuvent
« avoir besoin, commettent un véritable délit et se
« rendent passibles des peines portées par la loi ; que ce
« principe dérive de toutes les lois forestières et de la
« jurisprudence de tous les temps et qu'il est encore
« consacré par l'article 592 du code civil, qui exige le
« consentement du propriétaire vis-à-vis de l'usufruitier
« ou usager, que l'exécution de ces dispositions qui ont
« pour objet la conservation des forêts, les droits d'usage
« seraient bientôt réduits dans leur exercice et même
« anéantis, etc.....

« Attendu dans l'espèce qu'il s'agit d'une forêt qui est
« une propriété particulière dans laquelle les défendeurs
« qui prétendent y avoir droit d'usage, se sont permis
« sans l'autorisation du propriétaire, d'échouper, ébran-
« cher et déshonorer plusieurs arbres, essence de chêne,
« et d'en emporter le bois, même en la présence des gardes
« et malgré leurs observations ; qu'au lieu d'appliquer à
« ce délit, le tribunal de Perpignan, se fondant sur des
« motifs qui présentent autant d'erreurs en droit, a ren-
« voyé les prévenus de l'action du propriétaire ; qu'en
« effet, entre autres motifs inapplicables au cas particulier,
« ce tribunal quoiqu'en reconnaissant le principe que les
« bois des particuliers sont assimilés aux bois de l'Etat,
« en ce qui concerne la répression des délits, a néanmois
« jugé qu'on ne peut pas appliquer à des usagers, dans
« des bois particuliers, les dispositions des art. 1 et 2,
« tit. 32, ord. de 1669 et que, si les usagers ne com-
« mettent point de délits en abattant des arbres au pied,
« de jour, sans feu, ni scie, dans les forêts soumises à
« leur usage, ils ne peuvent pas en commettre en les
« ébranchant et déshonorant ; qu'autant la conséquence
« est juste, autant le principe dont elle est tirée est faux,
« puisqu'aucune loi n'a permis aux usagers d'abattre des
« arbres dans les forêts de leur usage, sans la permission,
« la marque et la délivrance par le propriétaire ; — atten-
« du que la fausse doctrine professée par le tribunal de
« Perpignan est une violation formelle de toutes les lois
« ci-dessus rappelées, qui défendent à toutes personnes
« usagers ou non sans distinction, soit de couper ou
« abattre les arbres dans les forêts, soit de les échouper,
« ébrancher ou déshonorer, sans s'être préalablement
« pourvus vers le propriétaire de la forêt ou ses repré-
« sentants, pour obtenir leur permission et après l'avoir
« obtenue ; — par ces motifs, casse et annule le juge-
« ment en dernier ressort rendu par le tribunal correc-
« tionnel de Perpignan, le 30 juin dernier.

Jugement du tribunal de Tarbes

« Espèce : (Perrin contre Claverie). La baronnie d'Es-
« parros se composait autrefois des villages d'Esparros,
« de Laborde, d'Arrodète et de Labastide ; par transaction
« du 18 mars 1664, le seigneur accorda aux habitants de
« ces communes, le droit de faire paître le bétail, (de

« quelque nature qu'il soit, sur les montagnes et terres
« hermes de la dite baronnie, ainsi que celui de prendre
« tout l'herbage et feuillage qui leur serait nécessaire
« pour leur bétail, à la réserve de la saline seulement).
« Il leur céda également du bois pour leur chauffage et
« pour leurs bâtiments, il leur permit même d'en vendre.
« Les sieurs Perrin sont devenus propriétaires des ter-
« rains affectés aux droits cédés à ces communes par la
« transaction de 1664; plusieurs contestations se sont
« élevées entre eux et celles-ci.

« D'abord, ils ont prétendu que les droits acquis à ces
« communes étaient de simples droits d'usage; qu'en
« qualité d'usagères elles ne pouvaient couper les bois
« dont elles avaient besoin qu'après en avoir obtenu la
« délivrance du propriétaire.

« Les communes ont contesté la qualification donnée
« à leurs droits; elles se sont refusées à admettre que ce
« sont de simples droits d'usage ; elles ont soutenu que
« ces droits étaient d'une nature particulière, qu'ils
« avaient plus de rapport avec celui de propriété qu'avec
« le simple droit d'usage; elles se sont, en un mot,
« déclarées co-propriétaires.

« Ces exceptions ont été présentées, dans leur intérêt,
« devant le Tribunal correctionnel de Tarbes, par le sieur
« Claverie, un de leurs habitants ; ce Tribunal les a
« accueillies. C'est pourquoi, il a jugé qu'elles n'étaient
« pas soumises à requérir la délivrance du propriétaire,
« pour jouir des bois auxquels ils avaient besoin.

Pourvoi et Arrêt de la Cour de cassation

« La cour, — attendu, sur le premier moyen, que le
« tribunal de Tarbes s'est borné à déclarer ce qui était
« reconnu par toutes les parties, que d'après la transac-
« tion de 1664 et les jugements passés en force de chose
« jugée, rendus sur cette transaction, les habitants des
« communes composant la ci-devant Baronnie d'Espar-
« ros, avaient le droit de couper des arbres dans les
« forêts des montagnes dont il s'agit, soit pour leurs usages
« particuliers, soit pour ouvrer et vendre ; que si ce
« tribunal a cru pouvoir induire de ce droit qu'il attribuait
« à ces communes, une participation à la propriété de
« ces forêts, il n'a point prononcé, par cette qualification
« donnée aux droits des communes, sur une question de

« propriété dont le jugement appartient exclusivement
« aux tribunaux civils.

« Sur le deuxième moyen ; que les droits conférés à
« ces communes, par la transaction et les jugements
« ci-dessus, ne se réduisent pas à de simples droits
« d'usage ; qu'en jugeant que leurs habitants avaient pu
« couper des arbres dans lesdites forêts, conformément
« à ces actes, sans en demander la délivrance, et qu'en
« conséquence cette coupe ainsi par eux faite, ne les avait
« pas constitués en délit, le tribunal de Tarbes n'a point
« violé les lois relatives à la jouissance des simples
« usagers ; — Rejette.
« Du 28 juillet 1820.

Cassation, 6 mai 1830

« D'Ammoneville contre Deury, etc. ; —
« La cour, sur le moyen présenté par la demanderesse,
« pris de la violation des art. 79 et 120 du code forestier. —
« Vu les art. 79, 120 et 121 de ce code ; — attendu dans
« l'espèce, qu'alors même que les prévenus auraient droit
« à des livraisons de bois, dans la forêt de la dame
« d'Ammoneville, ils ne pouvaient exercer ce droit,
« qu'après que la délivrance leur en aurait été faite par
« le propriétaire ; — que des actes de sommation, à fin
« de délivrance ne pouvaient tenir lieu de cette délivrance,
« et constituaient seulement le principe d'une action qui,
« en cas de refus du propriétaire, devait être portée
« devant les tribunaux ; — que néanmoins, le jugement
« attaqué a relaxé les prévenus, sur le motif qu'ayant fait
« des actes de sommation à l'agent du propriétaire, et
« ayant fait constater son refus de leur accorder la
« délivrance, ils avaient fait tout ce qui dépendait d'eux,
« pour obtenir le bois nécessaire à leur usage, et avaient
« pu sans délit prendre ce bois dans la forêt.
« En quoi le dit jugement a violé les art. 79 et 120
« ci-dessus cités ; — casse le jugement du tribunal
« correctionnel de Guéret, du 10 février dernier.

Jugement du Tribunal correctionnel de Saintes

« Espèce : — Le sieur Laurence était prévenu d'avoir,
« sans délivrance, coupé et enlevé en février 1841 le
« taillis et les arbres accrus dans un canton de la forêt
« de Benon, appartenant à la comtesse dame Ducayla.

« Le prévenu a demandé, devant le tribunal correc-
« tionnel, à être admis à faire preuve par témoins que la
« dame Ducayla, en 1840 et 1841, lui a fait délivrance de
« son droit de coupure. — Sa demande a été accueillie,
« le 9 décembre 1841, par le tribunal correctionnel de
« Saintes, qui s'exprime en ces termes : (attendu qu'en
« offrant cette preuve, Laurenze n'a d'autre but que de
« se justifier du délit qui lui est reproché ; — que cette
« preuve une fois admise, elle enlèverait au fait tout
« caractère de criminalitié.....)

« Pourvoi en Cassation, pour violation des art. 79 et
« 120 du c. f. ; on soutient même que sous l'ordonnance
« de 1669, la délivrance ne pouvait être prouvée même
« par témoins ; qu'à cet égard, il n'y a pas à distinguer
« entre les bois des particuliers et ceux de l'Etat ; que la
« raison, c'est qu'il y a délit de la part de l'usager ; qu'en
« droit du reste la délivrance constitue un fait civil à
« l'égard duquel la preuve testimoniale n'est pas admis-
« sible (c. civ. 1341) ; on invoque Prudhon (de l'usuf.,
« 2ᵉ éd., t. 7, nᵒ 898) ; Curasson (t. 6, p. 501) ; un arrêt
« de cassation du 17 juin 1813. — Dans l'intérêt du sieur
« Laurenze, on a répondu qu'à supposer que l'art. 79
« fut applicable aux bois des particuliers, il ne le serait
« plus, dès qu'il y a eu entre les parties, stipulation
« contraire, résultant, soit d'un titre précis, soit du con-
« sentement du propriétaire, soit de la prescription
« acquise contre lui, ainsi que le reconnaît le dernier
« arrêt solennel. Or, le défendeur demandait à prouver
« qu'il avait toujours exercé son droit d'usage, sans
« délivrance par écrit au vu et au su du consentement du
« propriétaire. La délivrance des droits d'usage par procès-
« verbaux n'est pas tellement d'ordre public quil soit
« impossible d'admettre la moindre dérogation au prin-
« cipe. Le défendeur cite à l'appui la jurisprudence
« récente des chambres civiles et des requêtes, 2 février
« 1841, 10 mai 1841, 28 déc. 1841.

Arrêt.

« La cour ; — Sur le deuxième moyen ; — attendu que
« si les usagers, dans les bois des particuliers, ne peu-
« vent exercer leurs droits avant d'avoir obtenu la
« délivrance, cette délivrance peut être prouvée autre-
« ment que par écrit, et que le prévenu étant poursuivi

« correctionnellement, a pu être autorisé à se défendre,
« par la preuve testimoniale, d'où il suit que le jugement
« attaqué, d'ailleurs régulier en la forme, n'a violé
« aucune loi.

« Rejette. — 16 juin 1842. »

Maintenant passons à M. Meaume ; voici sa théorie :

« L'article 79 du code forestier spécial à l'usage en
« bois, n'est qu'une application de ce principe général,
« que l'exercice d'un droit d'usage quelconque et quelque
« soit le propriétaire du bois sur lequel il a été constitué,
« n'est légitime qu'autant qu'il a été précédé d'une déli-
« vrance préalable.

« Il est évident que si l'art. 79, rédigé pour l'exercice
« des droits d'usage dans les forêts domaniales, dispose
« que la délivrance des produits de l'usage en bois doit
« être faite par les agents forestiers, cette partie de
« l'article n'est pas applicable aux bois particuliers.

« Les agents forestiers n'ont pas à intervenir dans
« ces délivrances, qui doivent être effectuées par le
« propriétaire lui-même ou par ses représentants.

« Au cas de refus ou de retard, l'usager pourrait
« s'adresser à la justice.

« *Première question.* — L'obligation de demander la
« délivrance est-elle d'ordre public, sous l'empire de
« l'ordonnance de 1669 ?

« Il est certain que de tout temps l'obligation de
« demander la délivrance a été considérée comme une
« disposition de police. Or, tout ce qui tient à la police
« des droits d'usage ne concerne que l'exercice de ces
« servitudes et n'affecte en rien le fond du droit ; d'où
« l'on peut conclure que les titres antérieurs ne peuvent
« prévaloir contre cette disposition de police qui, jusqu'à
« un certain point, peut être considérée comme étant
« d'ordre public.

« Ces principes paraissent incontestables à l'égard des
« bois de l'État, dont les administrateurs n'ont pas la
« libre disposition. Il y a une grande différence, à cet
« égard, entre l'État et un propriétaire ordinaire. Ce
« dernier peut introduire ses bestiaux avant l'âge de la
« défensibilité : il peut y faire pâturer des chèvres ; il peut
« créer des droits d'usage sur ses bois ; toutes choses
« qui ne peuvent même pas être tolérées par les agents
« de l'État.

« Il nous paraît difficile de croire que si le propriétaire
« peut communiquer à d'autres les droits dont nous
« venons de parler, il ne puisse pareillement leur trans-
« mettre le droit, qui lui appartient, de couper du bois,
« sans délivrance préalable.

« Il ne semble pas douteux qu'on ne puisse déroger
« par un titre formel aux dispositions de l'art. 79 du code
« forestier, de même qu'on ne peut, par un titre formel,
« convenir qu'on introduira des bestiaux avant l'âge de
« la défensibilité, nonobstant les dispositions de l'art. 110
« de ce même code.

« La question ne s'est pas encore présentée sous ce
« point de vue, depuis le code, et il n'est pas vraisem-
« blable qu'elle puisse surgir, parce que l'absurdité
« d'une pareille convention frappe au premier abord.

« La difficulté ne s'est pas même présentée dans les
« termes que nous venons d'indiquer, sous l'empire de
« l'ordonnance de 1669 ; mais on a souvent agité la ques-
« tion de savoir si les titres qui, sans déroger expressé-
« ment à l'ordonnance, autorisaient l'usager à se servir
« par ses mains, pouvaient recevoir leur exécution, soit
« sous l'ordonnance de 1669, soit sous l'empire du code
« forestier.

« La jurisprudence est extrêmement divisée sur cette
« question ; nous allons examiner successivement les
« les arrêts rendus suivant les deux systèmes.

« *Premier système.* — Sous l'empire de l'ordonnance
« de 1669, l'obligation de demander la délivrance était
« d'ordre public ; en conséquence, aucun titre n'a pu,
« à quelqu'époque que ce soit, dispenser les usagers de
« la délivrance préalable.

« On lit dans un arrêt de cassation, (Chambre civile)
« du 16 mars 1836, le passage suivant : attendu que
« suivant l'art 33, titre 27 de l'ordonnance de 1669, les
« usagers ne peuvent couper, ni enlever de bois, pour
« leurs usages, qu'après en avoir obtenu la délivrance
« de l'autorité compétente......

« ...... Attendu que cette ordonnance qui est une loi
« d'ordre public et un règlement de police fait pour la
« conservation des bois et forêts, n'est pas moins appli-
« cable aux bois des particuliers qu'à ceux de l'Etat.

« Attendu que les actes faits sans l'accomplissement

« de ces formalités ne sont que des voies de fait, de
« délits, etc.

« Un autre arrêt de la chambre civile, du 13 août 1839,
« s'exprime ainsi :

« Attendu que cette ordonnance de 1669 qui, comme
« celles antérieures, est une loi d'ordre public, dispose
« pour les bois des particuliers comme pour ceux de
« l'État ; — qu'elle défend à tous usagers de couper,
« d'abattre et d'enlever des bois, sans en avoir formé
« auparavant une demande en délivrance ; qu'elle ne
« fait pas d'exception pour le cas où les bois qu'ils
« enlèveront n'auraient pas été coupés ou abattus par
« eux, parce qu'elle ne leur concède de droit, qu'à la
« quantité dont ils justifieraient avoir besoin, etc., etc...

« Bien que ces arrêts consacrent en principe que
« l'obligation de demander la délivrance était d'ordre
« public, sous l'empire de l'ordonnance de 1669, il faut
« reconnaître cependant que la question de validité
« des titres qui auraient stipulé cette clause, n'était pas
« soumise directement à l'appréciation de la cour su-
« prême, et que dès lors cette considération doit sin-
« gulièrement restreindre la portée des arrêts dont on
« vient d'extraire les passages qui précèdent.

« L'art. 120 déclare l'art 79 applicable aux forêts des
« particuliers ; mais faut-il entendre cette disposition en
« ce sens qu'elle s'appliquera aux forêts des particuliers
« dans tous les cas, et lors même qu'il y aurait dans les
« titres de concession une stipulation contraire ? Nulle-
« ment ; l'art. 120 a disposé pour le cas le plus ordinaire,
« celui où les titres sont muets sur la délivrance, mais il
« n'a pu déroger aux conventions des particuliers, si
« ceux-ci s'étaient expliqués sur la délivrance et en avaient
« dispensé l'usager.

« En effet, la délivrance n'est pas une mesure d'ordre
« public ; elle n'est prescrite que dans un intérêt privé,
« celui du propriétaire de la forêt ; or, de même que depuis
« la publication du code forestier, un propriétaire serait
« libre d'autoriser l'usager, malgré les art. 79 et 120, à
« prendre du bois dans sa forêt sans délivrance, de même
« et à plus forte raison, a-t-il pu stipuler ainsi avant le
« code, et l'on ne pourrait modifier les stipulations inter-
« venues avant ce code par les dispositions de ce code
« même sans lui donner un effet rétroactif. »

Les usagers d'Imphy souligneront bien cette théorie; leurs titres recognitifs sont muets en ce qui concerne la demande de délivrance, mais en vertu de la transaction de 1619, confirmée par un récent jugement du tribunal de Nevers, ils doivent jouir selon les coutumes du Nivernais. Or, l'art. 13 de ces coutumes impose cette demande préalable; mais, le propriétaire du fonds ne l'ayant pas exigée jusqu'alors, (et l'obligation de demander la délivrance n'étant pas d'ordre public, c'est-à-dire ne constituant pas un délit, comme par exemple un vol ou un autre crime, devant être poursuivi par le ministère public), il en résulte **que les usagers exploitent selon une convention tacite et précaire.**

Il est donc permis de croire que les tribunaux correctionnels ne pourraient condamner les usagers d'Imphy, en conformité des peines prévues au titre XII, de l'art. 79 du code forestier, pour les bois coupés en délit.

Et les usagers, sans demander la délivrance, exploiteront toujours dans les mêmes conditions, sans que le propriétaire ne puisse sévir, tant qu'un jugement provoqué par une action civile n'éteindra pas ce pacte tacite.

Meaume. — *Deuxième système.* — « L'obligation de demander la délivrance n'est pas d'ordre public, et un titre formel a pu déroger à cette obligation, surtout sous le code forestier.

« Ce système ne compte pas moins de monuments de jurisprudence que le premier, et plusieurs ont l'avantage de se rattacher plus directement à la question qui nous occupe.

« Un arrêt de la Chambre criminelle de la Cour de cassation du 28 juillet 1820 est ainsi conçu : attendu sur le premier moyen, que le tribunal de Tarbes, (voir la suite page 33).

« L'arrêt le plus explicite qui ait été rendu sur cette question est celui de la Chambre criminelle du 4 janvier 1821.

« La Cour de Montpellier avait admis que des usagers poursuivis pour avoir coupé des bois sans délivrance préalable avaient pu, devant la juridiction correctionnelle, fonder une exception préjudicielle sur des titres qui leur accordaient cette faculté.

« Le pourvoi dirigé contre cet arrêt a été rejeté par

« le motif qu'il avait pu être dérogé par des conventions
« particulières stipulées entre le propriétaire et les usa-
« gers aux règles générales prescrites par les ordon-
« nances pour l'exercice du droit d'usage. »

Par tout ce qui précède, nous venons de voir quelle
est l'opinion des jurisconsultes, lesquels ont produit à
l'appui de leurs théories les jugements ou arrêts que j'ai
également indiqués.

Nous allons maintenant continuer l'examen dans les
mêmes conditions, c'est-à-dire en nous servant des mêmes
auteurs, et pour répondre à la question que je posais plus
haut.

*La transaction de 1619, qui a toute l'apparence d'un
cantonnement, donne-t-elle aux usagers d'Imphy le droit
de jouir comme propriétaires et la prescription leur
confère-t-elle ce droit ?*

La question de savoir si les usages forestiers sont
susceptibles d'être acquis par prescription a donné lieu
à plusieurs systèmes, dit Dalloz.

Il y en a qui repoussent la prescriptibilité, d'autres qui
l'admettent, et enfin un système intermédiaire qui re-
pousse ou admet, selon que son exercice constitue ou
non un acte de pure tolérance.

« *Premier système*. — Du principe que les droits
« d'usage dans les forêts constituent des *servitudes dis-
« continues*, il résulte qu'ils ne peuvent s'acquérir que par
« titre et non par prescription. Toulouse, 15 novembre
« 1815. — Nancy, 11 août 1853. — Metz, 29 mars 1859.
« — Pau, 24 juillet 1866. — Montpellier, 31 décembre
« 1878. — etc.

« La possession, même immémoriale, que les proprié-
« taires auraient eue est insuffisante pour leur faire
« acquérir par prescription le droit de pâturage sur un
« terrain non forestier, outre qu'une telle possession
« étant l'effet de la tolérance, a par cela même, un carac-
« tère précaire.

« La servitude de pâturage étant discontinue de sa
« nature, ne peut s'acquérir par prescription. — Cham-
« béry, 23 janvier 1866.

« *Deuxième système*. — Bien que les droits d'usage
« dans les forêts soient des servitudes discontinues, ils ne
« sont pas soumis à la disposition de l'art. 691 du code

« civil, qui porte que les servitudes discontinues peu-
« vent s'établir seulement par titres et non par la posses-
« sion même immémoriale.

Toutefois, la possession d'un droit d'usage dans une
« forêt n'a les caractères requis pour conduire à la pres-
« cription, qu'autant qu'il existe de la part du propriétaire
« des faits de nature à être considérés comme un con-
« sentement exprès ou tacite de l'usage, par exemple des
« actes de délivrance ou autres actes équipollents.

« Cette opinion se fonde..... sur ce que les anciennes
« coutumes françaises, tout en classant les usages fores-
« tiers parmi les servitudes, leur appliquaient des règles
« particulières et que l'art. 636 du c. civ. en les sou-
« mettant également à des règles particulières, les fait
« sortir de la classe des servitudes ordinaires.

« ....Sur ce que les présomptions de clandestinité et
« de tolérance qui motivent l'imprescriptibilité des servi-
« tudes discontinues ordinaires, ne sauraient s'appliquer
« aux servitudes usagères qui s'exercent sur les bois,
« puisque ces servitudes ne peuvent se réaliser sans dé-
« livrance, même dans les bois des particuliers et qu'elles
« occasionnent un trop grand dommage aux forêts pour
« que le propriétaire soit censé les tolérer.

« *Troisième système.* — Les droits d'usage dans les
« forêts ne constituent pas une simple servitude et, par
« suite, peuvent être acquis par une longue possession.
« — Dijon, 20 fév. 1857. — pourvu d'ailleurs, que cette
« possession réunisse les conditions prescrites par la loi.

« *Quatrième système.* — L'usage forestier étant un
« démembrement de la propriété, peut s'acquérir par
« prescription.

« *Cinquième système.* — Les usages forestiers sont
« susceptibles ou non d'acquisition par prescription, selon
« que leur exercice ne constitue pas, ou au contraire
« constitue un acte de pure tolérance.

« En conséquence, d'après ce système, doivent être
« regardés comme susceptibles d'acquisition par pres-
« criptions le droit d'usage à la coupe d'un taillis pour
« chauffage ;

« Le droit au bois mort ou mort bois, lorsqu'il est
« exercé par une commune et que la jouissance en est
« publique et continue ;

« Le droit d'usage à la coupe des bois destinés à
« chauffer les fours à chaux ;

« Le droit de maronnage, pourvu qu'il soit exercé avec
« continuité ;

« Le droit d'usage à l'extraction de la pierre ou du
« sable pour construire un édifice, à l'extraction de la
« marne ou de la tourbe, matières précieuses que le
« propriétaire n'abandonne pas facilement.

« Au contraire, selon le même système, sont à con-
« sidérer comme de pure tolérance et par suite comme
« ne pouvant pas être acquis par prescription.....

« Le droit d'usage au pacage ou à la dépaissance des
« bestiaux ou l'usage aux feuilles mortes.

CONDITIONS REQUISES POUR LA PRESCRIPTION
DE L'USAGE FORESTIER ET L'EXERCICE DE L'ACTION POSSESSOIRE.
CARACTÈRES DE LA POSSESSION.

« D'après les systèmes suivant lesquels l'usage fores-
« tier peut être acquis par prescription, la possession de
« l'usage forestier doit réunir les caractères exigés par
« le code civil, pour fonder la prescription acquisitive ou
« pour donner lieu à l'action possessoire.

« Ainsi la possession doit être : 1° continue ; 2° non
« interrompue ; 3° paisible ; 4° publique ; 5° non équi-
« voque ; 6° à titre de propriétaire et 7° non délictueuse.

« Les constatations des juges du fait, sur l'existence,
« les caractères et la publicité de la possession sont
« souveraines et échappent à la censure de la cour de
« cassation.

I. — POSSESSION CONTINUE.

« La possession pour prescrire un droit d'usage doit
« être *continue.*

« En admettant que les droits d'usage dans une forêt
« soient susceptibles d'être acquis par prescription, la
« possession invoquée a pu, quoique consistant néces-
« sairement dans des actes de jouissance exercés à
« certains intervalles de temps, être considérée comme
« insuffisante pour opérer la prescription, si, en vertu de
« leur pouvoir souverain d'appréciation, les juges ont
« déclaré que ces actes fort peu nombreux, séparés par
« de longs intervalles et s'expliquant par la tolérance
« d'un propriétaire absent ou négligent, constituaient

« une possession équivoque et non continue dans le sens
« de l'art 2229 du c. civ.

II. — Possession non interrompue.

« La possession doit n'avoir pas été *interrompue* par
« le fait d'autrui ou par la reconnaissance du droit d'au-
« trui par le possesseur,
« en ce qui concerne..... l'interruption naturelle de
« la prescription extinctive de l'usage forestier ;
« .....l'interruption civile de cette même prescription
« extinctive.

III. — Possession paisible.

« La possession doit être *paisible*, c'est-à-dire avoir
« été acquise sans violence et n'avoir pas été violemment
« contestée.

IV. — Possession publique.

« La possession doit être publique, c'est-à-dire au su
« et au vu de tous ceux qui l'ont voulu voir et savoir.

V. — Possession non équivoque.

« La possession *équivoque* est, par exemple, celle qui
« n'a pas été suffisamment continue ou celle qui n'est pas
« exclusive et se balance avec la possession simultanée
« d'un tiers, ou celle dont on ne peut dire si elle est exercée
« à titre de tolérance, ou encore à titre de propriétaire.

VI. — Possession a titre de propriétaire.

« La posession est à titre de propriétaire, non seule-
« ment lorsque l'on prétend avoir la pleine propriété de
« la chose, mais encore lorsque, reconnaissant qu'elle
« appartient à un autre, on jouit *animo domini* d'un dé-
« membrement du droit intégral de propriété.
« Ainsi, un droit d'usage, de même qu'un usufruit,
« une servitude, un droit d'emphytéose, peut être l'objet
« d'une possession à titre de maître.
« Une commune ne peut acquérir par prescription un
« droit d'usage qu'autant que les faits invoqués sont
« des faits de communauté et non des faits particuliers.
« Pour fonder la prescription d'un usage forestier, la
« possession ne doit pas être précaire, en ce qui con-
« cerne la prescription par l'usager, de la propriété du
« fonds grevé d'usage.

« Les actes de pure faculté et ceux de simple toléran-
« ce, ne peuvent fonder ni prescription, ni possession ;
« mais les droits de pure faculté cessent d'être im-
« prescriptibles lorsqu'ils ont été contredits.

« Suivant une opinion, la possession d'un droit d'usage
« dans une forêt n'a pas les caractères requis pour con-
« duire à la prescription, à moins qu'il n'y ait de la part
« du propriétaire un fait qui puisse être considéré
« comme un consentement exprès ou tacite de l'usage ;
« par exemple, des actes de délivrance ou d'autres actes
« équipollents.

« VII. — La possession ne peut servir de base à la
« prescription qu'autant qu'elle n'est pas délictueuse.

« L'usager ne saurait, malgré titre et possession con-
« traire, prescrire un mode d'exercice contraire à l'ordre
« public.

« Il en est ainsi en ce qui concerne la délivrance.

« Il a été jugé par la Cour de Montpellier, 31 décem-
« bre 1878, que des faits de prise de bois, exercés
« sans délivrance, par une commune dans une forêt
« appartenant à un particulier, ne sont, quelque multi-
« pliés qu'ils soient, qu'autant de délits constitutifs
« d'une possession douteuse et, comme tels, incapables
« de prouver l'acquisition du droit de lignerage.

**Selon ce système, les usagers d'Imphy, depuis
qu'ils exploitent, sans délivrance préalable,
n'auraient fait que commettre une série de faits
délictueux.**

PRESCRIPTION PAR L'USAGER DE LA PROPRIÉTÉ DU FONDS GREVÉ.

« En principe, l'usager ne peut acquérir par prescrip-
« tion la propriété de la forêt soumise à son droit d'usage.

« L'usager, tant qu'il conserve cette qualité, ne peut
« pas posséder contrairement à son titre et, cette qualité
« attestée par des titres anciens, ne peut être modifiée
« par la possession, quelque longue et étendue qu'elle fut.

INTERVERSION DU TITRE DE L'USAGER.

« L'usager peut acquérir par prescription la propriété
« du fonds grevé de son droit, lorsque le titre de sa pos-
« session se trouve interverti ; mais, l'interversion de

« possession qui a pour résultat de convertir en posses-
« sion *animo domini* une simple détention précaire et
« notamment une détention à titre d'usage, ne peut ré-
« sulter que de faits patents, non équivoques et de
« nature à contredire le droit du propriétaire.

« Pour qu'il y ait interversion de titres, il faut un acte
« d'hostilité qui s'adresse directement au propriétaire
« réel.

« Cette interversion ne saurait résulter de quelques
« actes abusifs qui, se confondant avec la détention pré-
« caire dont leur auteur était investi, sont plutôt une
« simple extension de la détention précaire qu'une con-
« tradiction du droit de propriété.

« L'extension, même considérable, donnée par des usa-
« gers à un droit qui ne leur a été concédé que dans des
« limites restreintes, ne constitue pas une contradiction
« au droit du propriétaire de nature à intervertir le titre
« de leur possession et à servir de fondement à la pres-
« cription.

« Il a été décidé que l'interversion d'un titre d'usage
« ne résulte pas de la circonstance qu'on aurait opéré
« des coupes dans la forêt grevée et perçu le prix des
« ventes en provenant, Grenoble, 18 janvier 1855 ; ni
« d'abus de jouissance, commis en exploitant et en ven-
« dant les bois, Metz, 9 avril 1867 ; ni en général d'infrac-
« tion à la charte constitutive des droits d'usage ; ni de
« la location de la chasse qu'auraient pu faire les usagers,
« Metz, 9 avril 1867.

« Il ne suffit pas non plus, à l'usager, pour intervertir
« son titre et prescrire la propriété du fonds, de se pré-
« tendre propriétaire et d'agir publiquement comme tel,
« pendant le temps requis pour la prescription, si à
« aucune époque, le véritable propriétaire n'a été, ni par
« interpellation directe, ni par un fait équipollent, mis en
« demeure de reconnaître ou de contester la qualité que
« l'usager s'attribue, Bourges, 27 fév. 1861. — Bourges,
« 23 déc. 1861.

ÉTENDUE DE L'USAGE D'APRÈS LES BESOINS ET LE NOMBRE DES PARTIES PRENANTES.

« L'étendue de l'usage forestier se détermine, en prin-
« cipe, d'après le titre constitutif de cet usage, et il varie,

« d'après le nombre des parties prenantes et d'après les
« besoins des usagers.

« La première difficulté qui se présente est celle de
« savoir si l'usage concédé est individuel ou communal.

« Comme les titres de concession sont souvent obscurs
« et laissent des doutes sur le point de savoir si le droit
« d'usage est individuel ou communal, il convient d'exa-
« miner avec soin chaque espèce et de déterminer avec
« précision les faits qui servent à caractériser la nature
« du droit.

« La cour de Bourges, dont je donne plus loin le texte
« de l'arrêt, a jugé que le droit d'usage anciennement
« concédé à un nombre d'individus limité à dix, ne peut
« s'étendre à tous leurs descendants ; il ne doit être main-
« tenu qu'au profit d'un nombre égal de chefs de famille,
« sauf aux héritiers ou descendants à s'entendre entre
« eux. (Arrêt de la cour de Bourges du 3 juillet 1828,
« Pinet et consorts contre Marquis du Bourg.) »

On peut donc s'expliquer pourquoi les droits d'usage
qui n'étaient que dix au moment de la convention avec le
seigneur d'Arquian, sont actuellement de quarante-deux.

Voici comment. D'après la jurisprudence admise en
cette matière, l'étendue de l'usage en bois s'apprécie, non
d'après le nombre des habitants, mais d'après l'étendue
de la maison, au moment de la constitution de l'usage.

Ainsi, c'est l'étendue de la maison qu'il faut considérer,
c'est-à-dire le nombre de cheminées existantes à l'époque
de la concession, s'il s'agit de bois de chauffage.

Quels que soient les produits dus à l'usager, leur importance est déterminée par les besoins de l'exploitation
agricole.

Les bâtiments d'exploitation sont un accessoire obligé
de la ferme ; dès lors le droit d'usage doit être étendu à
tous les bâtiments, même à ceux qui sont nouvellement
construits et nécessaires à l'exploitation agricole.

Mais il faut que l'utilité de ces constructions soit bien
reconnue, et qu'elles concernent exclusivement l'exploitation des terres qui faisaient partie du domaine rural à
l'époque de la constitution de la servitude.

Etant donné les points ci-dessus admis par la jurisprudence, il faut donc croire qu'à un moment voulu, les
dix usagers d'Imphy ou leurs héritiers ont dû fusionner

leurs droits pour en établir une nouvelle division, de façon à constituer les quarante-deux parts actuelles.

Ou bien, ce qui est plus admissible, c'est que les parts actuelles ne sont que des quotités représentatives des anciens droits unitaires au moment de la convention avec le seigneur d'Arquian, lesquels droits à cette époque ne devaient pas être d'égale importance, puisque selon la jurisprudence ou les coutumes du moment, l'étendue d'un droit variait avec le nombre de feux de la maison ou son importance agricole.

Avant de terminer ce chapitre, je vais donner l'opinion des auteurs jurisconsultes, en ce qui concerne le paiement des contributions des forêts grevées d'usage.

Dans le silence du titre constitutif de l'usage, l'usager doit-il payer en tout ou en partie les frais de garde et les contributions ?

Cette question a donné lieu à trois systèmes et a long-temps divisé les deux Chambres de la Cour de cassation.

Je vais indiquer la théorie qui est la plus en rapport avec les droits d'usage d'Imphy.

« L'usager, disent les jurisconsultes, doit payer les
« contributions et les frais de garde, lorsque son droit
« absorbe la totalité des fruits produits par le fonds servant.

« Cette opinion qui, en matière d'usage forestier,
« appliquait le premier paragraphe de l'art. 635 du code
« civil, et non le deuxième, a été longtemps suivi par la
« Chambre des requêtes.

« Il a été jugé dans ce sens que l'usager dans les bois
« et forêts n'étant tenu du paiement des impôts assis sur
« les bois soumis à l'usage, qu'autant que la totalité des
« fruits lui appartient ou que le titre constitutif de son
« droit a mis les impôts à sa charge, soit pour le tout,
« soit pour partie.

« Les contributions étant assises sur le revenu, l'usager
« doit les payer dans la proportion du profit qu'il retire
« de la servitude.

« Il a encore été jugé que les impôts assis sur une
« forêt sont une charge des produits et non du fonds;
« en conséquence et par application de l'art. 635 du code
« civil, ils doivent être supportés proportionnellement
« par le propriétaire et par l'usager.

« Aux termes de l'art. 635 du Code civil qui ne fait en
« cela que reproduire les dispositions des lois constitutives

de l'impôt, la contribution foncière est due proportionnellement à leur jouissance, par tous ceux qui recueillent
des fruits du fonds imposé.

Dès lors, l'usager qui perçoit tous les produits de la
forêt, doit supporter la totalité de l'impôt.

CHAPITRE III.

Du Cantonnement.

Des indications que l'on possède sur l'aspect physique
de la France, et, tel que nous le décrivent Guy Coquille
et Parmentier, il apparaît qu'au XVI⁰ siècle, le pays de
Nivernais était presqu'entièrement couvert de forêts ; une
grande partie de ces bois a poussé dans des lieux autrefois habités, avec tout le luxe de la civilisation ; on y rencontre fréquemment des vestiges de voies romaines, des
ruines de châteaux, d'anciens temples ou églises, parmi
lesquelles on trouve des fragments de marbre, de statues,
des mosaïques entières, etc., etc.....

Au fur et à mesure que la civilisation faisait des progrès,
l'augmentation des populations se faisait sentir ; et bientôt,
il arriva qu'en certains pays, notamment en Nivernais, on
fut contraint d'arracher des bois qui surabondaient pour
faire des prés et des terres labourables nécessaires à la
subsistance des populations.

Malgré ces déboisements opérés surtout depuis trois
siècles, le département de la Nièvre possède encore plus
de bois que tout autre département.

Sa superficie est de 682.830 hectares et il y a encore
(d'après un recensement qui date de 1860), 180.000 hectares de bois dont 15.000 à l'État, 23.000 aux communes
ou établissements publics et 142.000 aux propriétaires.

On sait aussi par les statistiques, que la Nièvre fournissait à Paris les 3/5 de sa consommation en bois de
chauffage, sans compter les merrains (bois de sciage pour
planches) et les bois de charpente.

La vaste exploitation des bois de la Nièvre, pour l'approvisionnement de la capitale, ne date guère que de 1549,
époque officielle de l'invention du flottage, par Jean Rou-
vel, à qui cette utile invention a valu la reconnaissance

des habitants de Clamecy qui lui ont élevé une statue sur le pont de l'Yonne.

La valeur des bois était insignifiante avant le développement de la population, principalement dans les pays où les chemins ne pouvaient pas encore conduire aux grandes voies de communication, qui étaient à ce moment représentées par les cours d'eau offrant à cette époque les seuls moyens économiques et faciles pour transporter des masses, dont la valeur intrinsèque était presque nulle.

Aussi les seigneurs féodaux, tous détenteurs de propriétés forestières, qui ne leur procuraient d'autres avantages que la faculté de faire paître de nombreux troupeaux de porcs ou les loisirs de la chasse, étaient-ils peu regardants pour céder aux habitants bien pauvres de ces misérables contrées des concessions de droits d'usage en échange des services que ces derniers pouvaient leur rendre.

Pour donner une idée du faible prix des bois à ces époques arriérées, et par conséquent du peu d'importance qu'avaient les forêts pour leurs propriétaires, je vais citer quelques exemples qui sont fournis par les documents qui proviennent des archives départementales de la Nièvre qu'a si bien classées M. l'abbé Boutiller de Collonge, aussi par l'ouvrage que publia Parmentier sur le Nivernais en 1770 et successivement par MM. Leblanc, Bellevaux et De Flamare, archivistes de Nevers, qui ont également fait un travail considérable de classement de ces pièces si curieuses à consulter aujourd'hui.

Ainsi la reconstruction d'une partie des fondations du pont Notre-Dame, sur la Loire, à Nevers (1) a nécessité l'emploi de gros chênes pour pilotis. Ce sont généralement des pièces de plus d'un mètre de circonférence sur six ou sept mètres de longueur, que l'on enfonce à l'aide

---

(1) Avant le pont actuel, il y en avait un en bois qui a été emporté par une crue en 1309.

En 1407 on fonda la première pile d'un pont en pierres. Ce pont fut achevé en 1535; en 1508 on en était à la cinquième arche.

Pour traverser la Loire, il y avait deux ponts séparés par un remblai. Le second pont Notre-Dame a été commencé en pierres en 1536 et achevé en 1550 ; il a été emporté en 1708.

On a enlevé la terre ferme qui formait remblai et qui reliait les deux ponts et l'on a continué l'ancien en ligne droite, ce qui lui donne aujourd'hui dix-sept arches. La première pierre de la première pile de ce prolongement a été posée en 1770.

4

d'un gros bloc de fonte, appelé mouton, de façon à leur faire traverser les terrains d'alluvion et leur permettre de s'appuyer sur la masse sédimentaire des couches rocheuses.

Chaque pieux de chêne avec de semblables dimensions vaudrait aujourd'hui environ trente francs.

Or, nous lisons dans les comptes de la ville de Nevers qu'il a été payé en 1515, à Guillaume Hugot, de Sermoise, cent-dix sols (1) pour les bois destinés à faire les pilotis d'une pile.

La même année, il a été payé à Fontenel Charpentier pour avoir abattu lesdits arbres quarante-cinq sols, c'est-à-dire presque la moitié de la valeur des bois.

En 1522, il a été payé à Mademoiselle de Chevenon, soixante-dix sols pour deux grosses pièces de bois destinées à l'œuvre du pont.

La même année, payé à Regnault Thoret, cinq sols pour avoir été à Chevenon choisir les deux gros arbres.

En 1469, la ville de Nevers, voulant se mettre à l'abri des bandes guerrières et pillardes qu'entretenaient les seigneurs contre Louis XI (Guerre du bien public) et qui de temps à autre se ruaient dans ladite ville et y commettaient des dégâts de pillage, fit construire des remparts.

Cette fortification passagère, qu'on appelait autrefois boulevard, était constituée par de gros pieux ou arbres moyens, plantés debout et serrés les uns contre les autres sur toute la longueur du boulevard.

On apportait derrière de la terre, sur une hauteur de plusieurs mètres, ce qui constituait après cela un rempart dont le mur de contrescarpe avait un parement de bois.

Les comptes de la ville de Nevers, tenus à cette époque par Dupont, receveur, indiquent qu'il a payé soixante-deux sols six deniers aux bouviers de Faye, pour certaine quantité de gros bois nécessaire à la construction

---

(1) Il y avait à cette époque deux espèces de livres : la livre tournois et la livre parisis.

La livre tournois tirait son nom de ce qu'elle avait été frappée originairement à Tours et la livre parisis à Paris.

Toutes deux se divisaient en vingt sous, chaque sou (ou sol) en quatre liards ou en douze deniers; la livre parisis était plus forte que la livre tournois: elle valait vingt-cinq sols ; la livre tournois est un peu plus faible que le franc actuel: sa valeur fixée par loi du 25 germinal an IV, est de quatre-vingt dix-huit centimes.

des quatre boulevards élevés pour la défense de la ville (1409).

Dans un procès qu'eut la Forge d'Arlot, en 1695, MM. Pinet François et Claude Gascoing furent nommés experts par le Présidial de Saint-Pierre-le-Moutier ; (1) dans leur rapport d'expertise on remarque une estimation de sept cent quatre-vingt-dix cordes de bois dressés, évalués à dix-sept sols six deniers la corde.

En 1550, Samuel de Charry vendit la coupe et superficie des bois de Huez, contenant quatre-vingt arpents, à Jean Chappuis, marchand à Nevers, pour le prix de quinze livres par arpent.

Enfin en 1689, nous voyons une vente faite par haut et puissant seigneur Messire Jacques Dupuis, marquis de Montbrun, demeurant en son Château de la Nocle, à Edmond Gauthé, marchand, demeurant à Savigny-sur-Canne, de la coupe de deux mille cinq cents gros chênes, à prendre dans les usages de Fours, moyennant le prix de trente mille livres tournois, dont dix mille livres au profit des usagers de Champlevoix.

Si nous sortons de la valeur commerciale des bois à cette époque, pour entrer dans un autre ordre de transaction, nous apprenons qu'en 1224, Grégoire de Montigny et Hugues son frère, confirment par devant le doyen Hugues et l'official de Nevers le legs que leur mère Agnès de Montigny a fait à l'hôpital Saint-Didier du droit d'usage dans les bois de Faye, à la condition d'une messe anniversaire chaque année pour son défunt père et d'une messe de Saint-Esprit pour lui et sa mère, tant qu'ils vivront.

Un droit d'usage pour une messe !

Je crois pouvoir assurer que notre aimable et sympathique curé d'Imphy en dirait bien deux pour le même prix.

Voici donc autant de preuves incontestables qui indiquent la non-valeur des bois. Aussi à ces époques primitives les seigneurs féodaux faisaient venir dans leurs terres des prolétaires, qui, en échange de leur main-d'œuvre, pour la mise en culture des terres en friches, recevaient

---

(1) C'était à Saint-Pierre-le-Moutier que se jugeaient en dernier ressort toutes les affaires importantes.

Le Présidial de Saint-Pierre était en quelque sorte une Cour d'appel.

des droits d'usage, soit de bois à bâtir pour les exciter à construire des maisons et des bâtiments d'exploitation, soit des droits de pacage, panage, glandage pour leurs animaux.

Au fur et à mesure que l'agriculture grandissait dans son action bienfaisante, la population continuait toujours de croître; les bourgs, bourgades, hameaux, etc, se peuplaient davantage ou il s'en créait de nouveaux ; les seigneurs y gagnaient par suite de l'amélioration de leurs terres, l'augmentation des contribuables sur lesquels ils percevaient la taille, les corvées et les prestations féodales de toute nature.

La consommation du bois soit pour bâtir, soit pour le chauffage devenait de plus en plus grande.

L'industrie métallurgique et la verrerie commençaient aussi à se développer et avaient déjà des besoins importants de bois, (l'aveuglement des populations en était à ce point que lors qu'elles virent monter les premières usines, la Chambre des échevins de la ville de Nevers adressa une pétition en 1645 au roi, pour lui demander de vouloir bien ordonner la destruction de toutes les usines à trois lieues à la ronde de Nevers, afin d'éviter le renchérissement du bois).

Le commerce avait débuté d'abord timidement à faire des expéditions de bois, mais, comme je l'ai dit plus haut, le flottage procura les moyens nécessaires pour le transport et parconséquent son expansion ; cette industrie devint de plus en plus prospère, surtout à partir du moment où la Nièvre se mit à approvisionner la capitale.

Deux contrats de vente de bois nous montrent qu'en 1628 l'envoi de ce produit forestier était chose pratique :

Vendu par haute et puissante Dame Hélène Gouffiers, veuve de Messire Paul Damas à Claude Bizardeau, la coupe de certains bois et buissons pour le prix de quatre cents livres et six cordes de bois rendues à Paris au logis de la dite Dame.

En 1724, vendu par haute et puissante Dame Marguerite-Etiennette d'Achey, veuve de puissant et haut Seigneur Etienne Damas, Seigneur Comte de Crux, Demain, la Collancelle, Soussey, Barizot et autres lieux, au sieur Gaspard Poitereau de Marcy, marchand de bois, pour la fourniture de Paris de la coupe des bois de la forêt de Demain, située en la paroisse de la Collancelle, pour le prix de cinquante livres par arpent (1), avec cette clause que toutes les eaux des étangs de la forêt de Demnin et terres des alentours serviront à Poitereau pendant l'exploitation pour assurer le flottage des dits bois.

Nous remarquerons que dans ce marché les bois sont vendus cinquante livres l'arpent en 1721, tandis qu'en 1550 l'arpent ne valait que quinze francs.

Les bois ainsi exploités acquéraient annuellement une valeur bien supérieure à celle qu'ils avaient dans des temps plus anciens.

Alors, dès que cette révolution commerciale des bois se fit sentir, ce ne fut plus l'envahissement des forêts qu'on eut à déplorer, mais leur diminution trop rapide ; une guerre sourde et continue fut déclarée à la végétation forestière, le besoin croissant de combustible et de matières premières pour les industries qui emploient le bois fit abattre les arbres à profusion et la France perdit peu à peu ses innombrables ombrages.

Aussi, en présence de cette évolution, les nobles seigneurs commencèrent-ils à essayer de ressaisir une partie des droits qui avaient été concédés, et c'est dans ce but que l'on vit apparaître les triages, les aménagements et les cantonnements.

Ces opérations consistaient, sous prétexte de garantir du gaspillage les forêts qui étaient soumises aux droits d'usage, à restreindre le plus possible le fonds grevé des servitudes usagères.

Le triage était le droit que prenait un seigneur de distraire à son profit le tiers des bois concédés gratuitement et en toute propriété à la commune de son territoire, ce droit était essentiellement féodal et a été blâmé par la royauté, ainsi que nous le verrons tout à l'heure.

L'aménagement n'avait pas le même effet que le cantonnement moderne ; il conservait l'usage au lieu de l'éteindre et il concentrait la jouissance sur une partie de

______

(1) La grandeur de l'arpent variait dans chaque pays ; à Paris il y avait l'arpent de 22 pieds. — L'arpent de l'Administration des eaux et forêts était de 20 pieds. — Celui de la Nièvre était de 24 pieds.

L'arpent des eaux et forêts de 22 pieds équivaut à 0.hect. 51.
L'arpent de 24 pieds du Nivernais à............. 0.hect. 60.
Le pied comme longueur vaut................. 0,m32.
La toise   —   —   .... 1,m95.

la forêt grevée, de telle sorte que si le droit venait à s'éteindre, le seigneur profitait de la diminution ou de l'extinction.

L'ancien cantonnement permettait au seigneur de rester propriétaire du sol et des droits utiles ou honorifiques qui y étaient attachés; le caractère distinctif et prédominant de l'ancien usager était conservé; l'usager n'avait toujours qu'une servitude transformée quelquefois, mais qui ne changeait jamais en pleine propriété.

Le cantonnement moderne est une opération qui consiste à convertir un droit d'usage établi dans une forêt en un droit de propriété sur un canton déterminé amiablement ou par la voie judiciaire, de façon que l'autre partie de cette même forêt soit dégrevée de toute servitude.

Nous allons maintenant examiner l'appréciation des auteurs, en ce qui concerne les abus que commettaient les seigneurs et les habitants.

S'il est vrai, dit M. Fréminville dans son *Traité des Terriers*, « que les seigneurs ont prétendu faire un
« grand avantage à leurs habitants en leur donnant le
« droit d'usage dans les forêts, pour y prendre du bois
« de chauffage et pour boucher leurs héritages, il n'est
« pas moins certain qu'ils ont pu y envisager un avantage
« et un secours utile pour eux-mêmes; mais comme
« toutes les combinaisons ont des motifs raisonnables,
« il n'est pas toujours exact que l'exécution réponde aux
« projets.

« C'est ce qui est arrivé dans presque tous les usages
« de bois; les usagers, au lieu de se contenter de ce qui
« leur avait été donné, surtout une communauté d'habi-
« tants, coupent les brins de chêne, des baliveaux, font
« mourir les chênes, même les futaies pour en faire du
« bois mort, les déshonorent en coupant la tête ou le
« sommet, courent en différents cantons de la forêt pour
« y choisir ce qu'il y a de meilleur; enfin, commettent une
« infinité d'autres abus. »

M. de Kirvan, dans la *France forestière*, ne traite pas mieux les usagers :

« Longtemps, dit-il, la persistance du droit de garenne
« avait contrebalancé et parfois avec excès le déboisement
« produit par les dévastations, les défrichements et les
« besoins croissants de la métallurgie et autres industries.
« Jean le Bon et Charles VI durent intervenir afin

« d'interdire l'établissement de nouvelles garennes en
« motivant leurs édits sur ce fait qu'elles avaient pour
« résultat de rendre les pays voisins pauvres en popu-
« lation, tandis qu'il se peuplait de bêtes sauvages.

« La guerre avait comme à la suite des grandes inva-
« sions renouvelé les vastes solitudes ; quantité d'actes
« du quinzième siècle ont pour objet d'offrir à ceux qui
« voudraient s'établir sur une seigneurie autant de terres
« qu'ils en pourraient cultiver et tout le bois nécessaire
« soit au chauffage, soit à la construction et à l'entretien
« des maisons. Ce n'était là que la suite d'une tradition
« plus ou moins observée selon les temps et les lieux,
« mais aussi ancienne, si non plus, que la féodalité elle-
« même ; elle prit du treizième au seizième siècle une
« extension considérable.

« Les populations d'hôtes des bois se livraient à toutes
« les industries que fait naître l'exploitation des forêts ;
« elles le faisaient sans règle et sans mesure, et défri-
« chaient encore les cantons qui leur avaient été concédés
« et souvent les cantons voisins ; les seigneurs voulaient-
« ils mettre un frein à tant d'abus et restreindre ces
« usages ruineux, les hôtes tombaient dans la misère,
« faute sans doute de connaître les véritables conditions
« d'une exploitation préférable sans être dévastatrice ; ils
« quittaient le pays et la solitude renaissait ; force était
« donc de les laisser faire. »

Tous les auteurs ne font pas assumer la responsabilité
du déboisement exagéré aux usagers, et certains prétendent, ceux-là sont les plus nombreux et les plus éminents,
que ce n'était qu'un prétexte employé par les seigneurs
pour déposséder les titulaires, dès qu'ils virent que la
propriété forestière allait devenir de plus en plus prospère.

Outre les moyens forcément sanctionnés des formes
quasi légales que donnaient le triage et les cantonnements,
certains ne mettaient plus aucune forme et ils trouvaient
que la réduction par le cantonnement ne les satisfaisait
pas encore, car ils s'appropriaient violemment du tout et
dépossédaient impitoyablement les usagers, quand ils
n'étaient pas de force à s'y opposer, ce qui leur était
d'ailleurs assez difficile, car les seigneurs profitaient de
l'état d'anarchie qui régnait souvent à ces époques, pour
assurer leur convoitise.

Ecoutons à ce propos ce que dit M. Meaune dans *les Droits d'usage* :

« Les seigneu s abusèrent du droit de triage et il fallut
« que la loi intervînt pour mettre un terme à la spoliation
« des biens communaux ; ce soin était réservé à Louis XIV.

« Non seulement dans les siècles précédents les habi-
« tants des paroisses avaient prévenu par des transactions
« désastreuses des procès qu'elles étaient hors d'état de
« soutenir contre leurs seigneurs, beaucoup avaient déjà
« subi le triage ; mais l'abus de la puissance féodale ne
« se borna pas à ce premier envahissement ; des triages
« avaient été habillement déguisés, le droit fut de nouveau
« exercé sur la portion qu'on avait bien voulu laisser à la
« commune ; quelquefois même sans se donner la peine
« de motiver leurs exactions, certains seigneurs avaient
« profité des troubles qui avaient agité le règne de
« Louis XIII et la minorité de Louis XIV, pour exercer
« le triage sur les biens acquis par leurs vassaux.

« Les frondeurs ne s'attaquaient pas seulement à la
« royauté ou à ses ministres, ils voulaient aussi détruire
« à leur profit la propriété municipale, et de nombreux
« abus d'autorité furent commis par les représentants de
« la féodalité, auxquels Richelieu et Mazarin devaient
« porter les derniers coups. »

M. Dupin, ancien avocat général et député de la Nièvre,
n'est pas moins explicite dans un réquisitoire où il
s'exprime ainsi : « à mesure que la population augmente,
« que le sol acquiert de la valeur, les seigneurs s'efforcent
« de revenir sur les droits par eux concédés, de les
« ressaisir ou de les restreindre, tantôt par voie de triage
« ou de cantonnement, tantôt en alléguant des abus de
« jouissance, ou même quelquefois en dépouillant les
« habitants de leurs droits violemment ou par d'artifi-
« cieuses transactions. »

En résumé, tous les auteurs, depuis Guy Coquille, —
dont le témoignage ne saurait être mis en doute, car il
vivait dans ces temps là, — qui ont écrit sur cette matière,
blâment les excès commis par les usagers, mais réprou-
vent tous énergiquement les moyens employés par les
seigneurs que Meaune qualifie de spoliation.

Ces abus de la puissance féodale n'ont pas attendu la
révolution pour être réprimés, et le préambule de l'or-

donnance de 1667 démontre bien par sa chaleureuse
indignation, jusqu'où ils avaient été portés.

Le voici : « Louis, par la grâce de Dieu, etc.... Entre
« les désordres causés par la licence de la guerre, la
« dissipation des biens des communes a paru des plus
« grands ; elle a été d'autant plus générale que les sei-
« gneurs, les officiers et les personnes puissantes se sont
« aisément prévalus de la faiblesse des plus nécessiteux,
« que les intérêts des communautés sont ordinairement
« des plus mal soutenus, et que rien n'est davantage
« exposé que ces biens dont chacun s'estime le maître.
« En effet, quoique les usages appartiennent au public à
« un titre qui n'est ni moins favorable, ni moins privilégié
« que celui des autres communautés qui se maintiennent
« dans leurs biens par l'incapacité de les aliéner, si non
« en des cas singuliers et extraordinaires et toujours à
« faculté de regrets.

« Néanmoins on a partagé ces usages ; chacun s'en est
« accommodé selon sa bienséance, et pour en dépouiller
« les communautés usagères l'on s'est servi de dettes
« simulées, et l'on a abusé pour cet effet des formes les
« plus régulières de la justice.

« Ainsi ces usages qui avaient été concédés par forme
« de servitude seulement, pour demeurer inséparablement
« attachés aux habitations des lieux, pour donner aux
« habitants le moyen de nourrir les bestiaux et de ferti-
« liser les terres par les engrais et plusieurs autres
« besoins, en ayant été aliénés, ces habitants étant pri-
« vés des moyens de faire subsister leurs familles, ont
« été forcés d'abandonner leurs maisons, et par cet
« abandonnement les bestiaux ont péri, les terres sont
« demeurées incultes, les manufactures et le commerce
« ont souffert des préjudices considérables.

« Et comme l'amour paternel que nous avons pour tous
« nos sujets nous fait porter nos soins partout, que la
« considération que nous faisons des uns, n'empêche pas
« que nous faisions des réflexions sur les autres, que nous
« n'avons rien davantage à cœur que de garantir les plus
« faibles de l'oppression des plus puissants, et de faire
« trouver aux nécessiteux des soulagements dans leur
« misère, nous avons estimé que nous ne pouvions
« employer de moyen plus convenable à cet effet, que
« celui de faire rentrer les communautés dans leurs

« usages aliénés, et de leur donner moyen d'acquitter
« leurs dettes légitimes.

« ......A ces causes.....nous avons dit et ordonné :
« seront tenus tous les seigneurs prétendant droit de
« tiers dans les usages, communes ou communautés, ou
« qui auraient fait faire le triage à leur profit depuis
« l'année 1630, d'en abandonner et de laisser la libre et
« entière possession au profit des dites communautés,
« nonobstant tous contrats, transactions, arrêts, juge-
« ments et autres choses à ce contraire »

Cette ordonnance, dit Meaume, consacre en outre le
principe de l'inaliénabilité des biens communaux ; elle
autorise les habitants des communautés à rentrer sans
aucune formalité de justice dans la possession des fonds,
près, pâturage, bois, terres, usages et autres droits
communaux, aliénés ou affermés, ou donnés à cens depuis
l'année 1620.

Tel était l'état de chose lorsque survint la révolution ;
l'Assemblée constituante rendit le 15 mars 1790, sur le
rapport de Merlin, un décret dont l'art. 30 est ainsi conçu :
« le droit de triage établi par l'art. 4 du titre XXV de
« l'ordonnance de 1669 est aboli pour l'avenir » ; suivant l'art. 31 : « tous édits, déclarations, arrêt du conseil
« et lettres patentes rendus depuis trente ans, tant à
« l'égard de la Flandre et de l'Artois, qu'à l'égard de
« toutes les autres provinces du royaume qui ont autorisé
« le triage hors du cas permis par l'ord. de 1669, demeu-
« reront à cet égard comme non avenus, et tous les
« jugements rendus et actes faits en conséquence sont
« révoqués. »

Cette dernière disposition présente une analogie frap-
pante avec celle de l'ordonnance de 1667 rendue sous
Louis XIV.

Le 28 août 1792, l'Assemblée constituante rendait
encore cette loi dont l'art. 1ᵉʳ est ainsi conçu : « l'art. 4
« du titre XXV de l'ordonnance des eaux et forêts de
« 1669, ainsi que tous les édits, déclarations, arrêts du
« conseil et lettres patentes, qui depuis cette époque ont
« autorisé le triage, partage, distribution partielle ou
« concession de bois et forêts domaniales et seigneuriales,
« au préjudice des communes usagères, soit dans les cas,
« soit hors des cas permis par la dite ordonnance et tous
« les jugements rendus et actes faits en conséquence,

« sont révoqués et demeurent à cet égard non avenus. »
L'art. 8 de la même loi contient la disposition suivante :
« Les communes qui justifieront avoir anciennement pos-
« sédé des biens ou droits d'usage quelconques dont
« elles auraient été dépouillées, en totalité ou en partie
« par les ci-devant seigneurs, pourront se faire réintégrer
« dans la propriété et possession des dits biens et droits
« d'usage, nonobstant tous édits, déclarations, arrêts du
« conseil, lettres patentes, jugements, transactions et
« possessions contraires, à moins que les ci-devant
« seigneurs ne représentent un acte authentique qui
« constate qu'ils ont légitimement acheté les dits biens. »

L'exécution de cette loi que les communes s'empressèrent de mettre à profit souleva une question grave.

Les communes concluaient de l'art. 8 de la loi précitée,
qu'elles avaient le droit de se faire réintégrer dans la
propriété de tous les biens dont elles avaient été dépouillées par le droit de triage.

Cette prétention ne pouvait souffrir la moindre difficulté
à l'égard des triages postérieurs à l'ordonnance de 1669;
mais on allait jusqu'à soutenir que la révocation prononcée par l'art. 1er de la loi de 1792 devait s'étendre aux
triages antérieurs à 1669.

Cette prétention a été repoussée par un arrêt de cassation du 14 brumaire an XIII.

Il est encore assez facile aujourd'hui de confondre l'o-
pération du triage avec le cantonnement, qui comme nous
venons de le voir a été abolie et dont les usagers d'Imphy
n'ont pu bénéficier parce que leur transaction datait d'une
époque trop reculée (1619). Les titres sont généralement
inintelligibles, surtout ceux qui ont précédé les ordonnances relatives aux cantonnements; il y en a quelquefois qui
mentionnent que la communauté a subi le triage et que
l'on confond avec l'opération du cantonnement. L'opération
du triage n'empêche pas un nouveau cantonnement, tandis
que le cantonnement ancien ou l'aménagement ne peuvent plus se cantonner à nouveau ou bien il faut cantonner en tenant compte de toute la partie sur laquelle s'exerçait le droit d'usage avant l'aménagement.

Cette question a été posée par M. le marquis du Bourg
et par les jugements rendus successivement par le Tribunal de Nevers, la Cour de Bourges et la Cour de cas-

sation ; nous verrons ce qui est advenu : *Marquis du Bourg contre M. Pinet et consorts.*

En 1619, par une transaction passée entre le seigneur et les usagers des bois de Prye et Imphy, les droits de ceux-ci furent réglés ; ils devaient dès lors être seulement exercés sur un tiers de la forêt, objet du litige. En 1824 les nouveaux propriétaires demandèrent le cantonnement qu'ils prétendirent devoir porter uniquement sur le tiers concédé par la transaction de 1619. — Les usagers s'en prétendirent propriétaires.

16 août 1824. — Jugement du tribunal de Nevers qui ordonne le cantonnement du tiers sur lequel le droit d'usage était reconnu et consacré.

Sur l'appel, les usagers prirent des conclusions subsidiaires, tendant à ce que, si le cantonnement était ordonné, il fut exercé sur la totalité de la forêt.

Le 17 août 1826. — Arrêt de la cour de Bourges qui, en reconnaissant la propriété du marquis du Bourg, représentant l'ancien seigneur, ordonne que le cantonnement s'exercera sur tous les bois de Prye et d'Imphy ; considérant, dit cet arrêt, qu'avant la transaction de 1619 l'usage des appelants s'exerçait sur les quatre cents arpents (1) énoncés à cet acte, qu'alors ils ont renoncé à ce droit étendu par suite de la concession qui leur était faite de la totalité du tiers ; que le cantonnement de ce même tiers tend à en retirer une partie, qu'ainsi il détruit la convention et avec elle tout l'effet de l'acte de 1619 ; que dès lors les parties rentrent dans la possession où elles étaient auparavant.

Pourvoi en cassation contre cet arrêt de la part de M. le marquis du Bourg, pour 1° fausse application et violation des lois sur le cantonnement et excès de pouvoir ; la demande en cantonnement étant une véritable demande en libération, ne peut porter que sur les biens soumis à l'usa-

---

(1) J'ai remarqué dans le texte de l'arrêt de la cour de Bourges, qu'il est dit : « Considérant qu'avant la transaction de 1619, l'usage des appelants s'exerçait sur les quatre cents arpents énoncés à cet acte ; qu'alors ils ont renoncé à ce droit étendu par suite de la concession qui leur était faite de la totalité du tiers ».

L'arpent du Nivernais valant 0 hect. 60, la totalité de la propriété équivalait donc à 240 hectares dont le tiers est de 80 hectares.

Or, aujourd'hui les usagers jouissent sur un ensemble (selon M. de La Place) de 145 hectares et selon d'autres de 165 hectares.

Il doit y avoir une erreur quelque part.

ge, car c'est la réduction de l'usage que l'on demande ;
2° violation de la loi du contrat et de l'art. 1151 du code
civil ; la propriété des deux tiers était garantie aux requé-
rants par un titre. Cette propriété était par là affranchie
de toute servitude ; étendre cette servitude sur ces biens
c'est violer l'acte de 1619 et le droit sacré de propriété.

Telle était la défense du propriétaire devant la cour de
cassation.

ARRÊT :

« La cour, — Sur les conclusions de M. de Broü, avo-
« cat général ; — considérant qu'il résulte de la transac-
« tion de 1619, que les parties n'ont entendu faire qu'un
« simple aménagement, qu'ainsi la propriété tout entière
« dont il s'agit n'avait pas cessé d'appartenir au seigneur
« et que les usagers, sur la totalité de la forêt, avaient
« seulement été réduits à exercer leurs droits d'usage
« sur une partie de cette même forêt ; mais qu'en 1824,
« les représentants du ci-devant seigneur ayant demandé
« le cantonnement, c'est-à-dire offert l'abandon d'une par-
« tie de la propriété pour rédimer le surplus du droit
« d'usage, avaient par cela même consenti au résiliement
« de l'acte de 1619 ; que dès ce moment, les parties ont
« été rétablies dans leur état primitif; — considérant que
« dans cet état de chose, l'arrêt attaqué a fait une juste
« application de la loi en ordonnant que le cantonnement
« demandé serait exercé sur la totalité des bois qui, avant
« 1619, étaient soumis au droit d'usage des défendeurs
« éventuels ; — Rejette, 20 mai 1828. »

En résumé, on voit par ces différents jugements que le
Tribunal civil de Nevers avait accueilli favorablement la
demande de M. le marquis du Bourg, tendant à un nouveau cantonnement et que la Cour d'appel de Bourges et
la Cour de cassation n'ont pas été de cet avis.

La situation est donc nette et la procédure établit pé-
remptoirement la propriété du fonds à la maison du Bourg,
grévée par un usage ayant subi l'aménagement.

Le récent procès qui a eu lieu devant le Tribunal civil
de Nevers a confirmé cette situation et les doutes qui
pouvaient s'élever au sujet de l'interversion du titre de
l'usager qui aurait pu lui attribuer la qualité de propriétaire, que la prescription pouvait lui donner par suite
de son mode de jouissance ainsi que par l'absence de tout
acte de propriétaire, ont été également résolus en première

instance. Nous avons vu à ce sujet l'opinion des jurisconsultes, si, le cas échéant, la juridiction des tribunaux supérieurs était demandée.

En supposant que les choses en restent là, et c'est à souhaiter pour les usagers (je dirai pourquoi plus loin,) car que leur faut-il de plus ?

Ne jouissent-ils pas en véritables propriétaires ?

Dans cette co-propriété c'est le propriétaire du fonds le plus mal partagé ; il a la responsabilité sans le profit, abstraction faite de la chasse et de la possession honorifique.

Si je parle de responsabilité, voici pourquoi :

1° En cas d'incendie des usages le propriétaire serait tenu il me semble de donner un autre cantonnement à ses usagers ;

2° En cas d'une expropriation du fonds pour cause d'utilité publique, travaux par exemple, comment le propriétaire règlerait-il ses usagers ?

En ce qui concerne l'incendie des usages, le cas s'est déjà présenté, mais les dégâts étant peu importants, les relations excellentes entre le propriétaire et les usagers ou peut-être le doute émis au sujet du résultat de la demande d'indemnité et la croyance des usagers, au titre de propriétaires, ont fait que l'incendie n'a soulevé aucune discussion.

Cependant on peut prévoir un plus grand incendie, ainsi que des relations moins bonnes ; or, dans ces conditions les choses n'iraient peut-être pas comme précédemment et il est probable que la justice serait appelée à se prononcer sur cette question :

Le propriétaire du fonds doit-il un nouveau cantonnement ou une indemnité aux usagers ?

Ce cas n'a pas encore été posé devant les tribunaux et il est assez difficile de préjuger quel accueil il y serait fait ; néanmoins on peut supposer qu'il serait favorable aux usagers qui sont dans la situation de ceux d'Imphy, c'est-à-dire aménagés.

Cet aménagement résultant de la convention de 1610, est valable tant qu'un dérangement ne viendra pas nuire à l'ordre de chose établi ; c'est un contrat vivant perpétuellement et dont les engagements ou obligations de chaque partie contractante reçoivent annuellement satisfaction. Or, un contrat n'est qu'une balance d'intérêts, dont les plateaux sont également chargés des obligations contractuelles que les deux contractants se doivent ou se sont engagés à exécuter.

Il en résulte donc que si vous déchargez un de ces plateaux vous rompez l'équilibre et la balance n'existe plus ; le contrat s'évanouit en même temps.

L'ancien propriétaire du fonds s'est engagé de telle façon avec ses usagers : d'un côté il leur a donné tout le bois produit par un tiers de sa forêt à la condition que lui aurait la jouissance entière des deux autres tiers ; rien de mieux que cet accord, tant que la forêt restera indemne de toute avarie, et que les usagers pourront jouir de leur tiers ; mais du jour où ceux-ci ne recevront plus la rémunération qui est la condition pour laquelle ils ont conclu leur convention, ils seront en droit de demander le retour à leur ancienne coutume.

Ce n'est pas un partage définitif ni un cantonnement qu'ils ont fait, et qui, le cas échéant, leur imposerait les risques et périls dont toutes choses sont menacées ; non, cette convention dont chaque partie contractante reçoit annuellement, dans le partage du bois, satisfaction réciproque ; rend le propriétaire responsable et garant de la bonne exécution de la convention ; et s'il arrive malheur à ses contractants, il doit en subir également les effets.

Vous m'objecterez peut-être que cependant un fermier ou un usufruitier quelconque, s'il vient à perdre ses récoltes par le feu ou la grêle, n'a aucun recours contre son propriétaire, car il est lié par son contrat de bail.

Les contrats d'usufruitiers ou de baux de ferme n'ont aucune assimilation avec un contrat d'aménagement, attendu que quelque malheur qu'il arrive au fermier ou à l'usufruitier, l'équilibre des obligations du contrat n'est jamais rompu.

En effet, si le propriétaire cède sa terre au fermier, qui est libre de l'ensemencer ou d'en faire ce qu'il veut, c'est à la condition que celui-ci l'indemnise.

Le propriétaire ne reçoit donc pas l'indemnité pécuniaire, parce qu'il s'est engagé à produire une bonne récolte à son fermier, mais bien parce qu'il lui prête sa terre.

L'article 149 du code forestier n'est-il pas le corollaire de ma théorie ? Tous usagers, dit cet article, qui en cas d'incendie, refuseront de porter des secours dans les bois soumis à leur droit d'usage, seront traduits en police correctionnelle, privés de ce droit pendant un an au moins et cinq ans au plus, et condamnés en outre aux peines portées en l'article 475 du code pénal.

Cette prescription, me direz-vous peut-être ? est une mesure d'ordre public.

Mais alors si c'est une semblable mesure, pourquoi les usagers, plutôt que les autres habitants, seraient-ils sommés d'aller porter secours ; on ne menace pas quelqu'un de la prison, parce qu'il lui plaît de brûler sa maison ou son bien (à moins qu'il n'y ait assurance ou danger public); le législateur a voulu prévenir et réveiller la torpeur égoïste de l'usager qui se dit que peu lui importe que la forêt brûle, puisque ce n'est pas son bien et que le propriétaire est obligé quand même de lui servir du bois.

Vous me répondrez encore que l'ordre public demande la conservation des bois qui sont soumis à une législation spéciale ; que, par exemple, la défense de défricher est formelle.

Pourquoi alors ne pas obliger tout le monde à la défense de cet intérêt, s'il est d'ordre public ?

Quant au cas d'expropriation pour cause d'utilité publique, si le fonds avait beaucoup de valeur, le propriétaire aurait du bénéfice à se voir exproprier, car après avoir indemnisé ses usagers d'une somme représentative en intérêts de la part de bois qu'ils perçoivent chaque année, il encaisserait le reste du capital.

Mais là ne serait pas le cas si la valeur du fonds avait un prix inférieur, et dans cette hyphothèse, étant tenu quand même d'indemniser les usagers; le propriétaire perdrait sur cette opération.

En un mot, s'il reçoit comme prix de vente du fonds, un capital qui lui rapporte 3 0/0 et que ses usagers démontrent que leurs produits équivalaient à 4 0/0, le propriétaire perdra la différence des deux taux.

Nous avons vu aussi que les Cours de Bourges et de cassation avaient admis la résiliation de la convention de 1619, pour permettre, selon la demande du propriétaire, un cantonnement suivant la nouvelle loi forestière.

L'expropriation amènerait donc forcément une résiliation sanctionnée d'avance par les Cours ci-dessus, et les usagers se trouveraient de nouveau admis à se servir de bois dans l'ancien fonds, c'est-à-dire dans les deux tiers qui ont été réservés au seigneur.

On voit, d'après ce qui précède, que la situation de propriétaire d'un fonds grevé d'un usage aménagé n'est pas des plus enviables ; il en serait autrement, si les usagers avaient été cantonnés ; car il faut bien observer que le cantonnement diffère de l'aménagement, en ce que celui là éteint d'une manière absolue le droit d'usage qui ne subsiste plus dorénavant sur aucune partie de la forêt grevée et en attribuant en pleine propriété à l'usager une partie de cette forêt.

Le cantonnement ancien n'était autorisé par aucun texte législatif et il était fondé sur ce principe d'équité que la charge de l'usage ne pouvait pas être étendue à la totalité de la forêt grevée, si une partie de cette forêt suffisait au service de la servitude.

Le cantonnement ancien n'est d'ailleurs pas consacré par la législation actuelle.

Le caractère distinctif de l'aménagement consiste donc en ce que le propriétaire de la forêt grevée conserve la propriété entière de toute cette forêt.

Le cantonnement nouveau a été consacré par la loi du 20-27 septembre 1790 et par le Code forestier de 1827.

Le propriétaire a seul le droit de le demander aux usagers. Ceux-ci ne peuvent prendre cette initiative, ni n'ont droit de le refuser.

CHAPITRE IV.

De la Chasse.

Les chasseurs d'Imphy m'en voudraient certainement si je ne leur consacrais quelques lignes, ayant trait au droit de chasse dans les usages.

Cette question de droit ne présente pour certains usagers qu'un côté peu sérieux ; mais, pour les chasseurs, c'est une question autrement brûlante, et ils sont bien excusables de cette saine et innocente passion, car ils ne peuvent changer leur penchant naturel ; en effet, l'homme n'est-il pas né chasseur ? Lorsqu'il se met à la poursuite du gibier, ne revient-il pas aux instincts primitifs de sa race ? Il se retrouve en quelque sorte dans son élément ; c'est bien là qu'on peut dire que l'atavisme exerce sa plus grande influence.

Ces goûts sanguinaires, ce besoin de guetter et de saisir une proie se sont conservés chez lui ; de notre temps, comme aux plus beaux jours où nos lointains ancêtres vivaient dans leurs cavernes, le chasseur représente une tradition ininterrompue depuis les origines de l'humanité.

Il est incontestable que l'homme éprouve une sorte de bonheur inconscient à être rendu aux instincts primitifs de son espèce ; il est né chasseur et a continué de l'être pour son agrément, quand il n'y a plus été obligé par la nécessité.

A la satisfaction de se sentir rendu aux conditions originaires de l'existence humaine, vient s'ajouter le besoin d'activité et de dépense d'énergie si naturels chez l'homme.

Dans la garde et la défense de ses droits de chasse, aussi bien que dans l'exercice de sa passion, l'homme ne montre pas moins un état d'infériorité et d'énergie sauvage ; tantôt il devient meurtrier sur ses semblables qui sont chargés de le surveiller, ou tantôt l'abus de son droit le rend inexorable dans sa revendication.

Si l'homme ne doit faiblir en rien au maintien de l'intégrité de son bien, combien en est-il cependant qui fermeront les yeux sur des délits ou des manquements dont la morale réclame la répression parce que la poursuite leur répugne et que leur humanité s'y refuse ; mais cependant qui traqueront avec toute la férocité inimaginable, des futilités abusives de chasseurs. C'est donc la passion du chasseur qui prédomine chez lui et qui dévie les sentiments de bienveillance, de générosité et de grandeur d'âme dont il est capable ailleurs.

Que l'on scrute les motifs de répression demandés aux tribunaux, on verra alors jusqu'où va la sottise humaine ; on critique les chinoiseries administratives qui fendent un cheveu en quatre, mais, grand Dieu ! qu'elles sont peu de choses à côté de celles des chasseurs.

J'appelle chinoiseries, en effet, quand je vois dépenser des sommes folles et mettre en mouvement tout l'arsenal judiciaire pour soutenir un procès, qui bien souvent est basé, par exemple, sur ce que l'aile droite ou gauche d'un perdreau tiré était en dedans de la *ligne fictive* qui délimite une propriété de chasse.

Si ces procès avaient encore pour but d'assurer la conservation du gibier, il n'y aurait que demi mal, mais hélas ! c'est le braconnage qui le détruit et non le chasseur.

Enfin, on ne peut pas demander de la philosophie aux apôtres de Saint-Hubert, sans être en contradiction avec le vieux dicton qui dit : qu'un chasseur est jaloux de sa chasse comme de sa femme.

Le tableau, tant soit peu exagéré, que je retrace ici, ne veut pas dire qu'il constitue une règle générale à l'égard de tous les chasseurs, car je me trouverais démenti par les faits en certains lieux, notamment à Imphy où les rapports entre chasseurs, grands et petits, n'ont jamais donné lieu à aucune récrimination fondée, et je m'empresse de rendre cette justice, que la bienveillance des intéressés est supérieure et qu'elle prédomine toujours, malgré bien des infractions.

Avant d'examiner la question de droit de chasse, qui peut se poser de différentes manières, je vais donner le texte de l'historique qu'en a fait M. le vicomte G. d'Avenel, dans son *Histoire économique :* « En disant que les droits « féodaux tendent à disparaître avec les temps modernes, « je dois faire exception pour un seul, qui au contraire « est de date récente ; le privilège de la chasse, bien qu'il « ait été parfois présenté comme un vestige du moyen âge, « ce droit ne remonte pas au delà du XVI°.

« Auparavant la chasse est libre pour tout le monde, ou « plutôt, dans certains domaines, elle est obligatoire pour « le seigneur ; le Maréchal de telle abbaye est tenu de « chasser pendant un mois, lorsque les tenanciers le de- « mandent.

« Dans les pays pauvres, à population rare, les bêtes « féroces ou simplement sauvages causeraient les plus « fâcheux dégâts, si l'on ne luttait énergiquement contre « elles ; la chasse n'y est pas un plaisir, mais un devoir.

« Pour encourager le seigneur à remplir en conscience « cette mission de lieutenant de louveterie, les laboureurs « proposent de lui donner quelques gratifications : une « gerbe de blé ou d'avoine par tête d'habitant, s'il chasse « pendant un temps plus long qu'il n'est tenu de le faire. « Dans les provinces où la poursuite du gibier était un « plaisir ou un profit, plutôt qu'une nécessité agricole, « chacun restait maître de disposer comme aujourd'hui « du droit de chasse sur son terrain, d'en jouir par lui- « même ou de le louer à autrui.

« Un paysan du Languedoc afferme la chasse excepté

« celle de la perdrix pour 30 sous par an, en 1272, sur
« les terres qu'il fait valoir.

« La chasse des lapins, dans un autre domaine, est
« louée 9 livres tournois en 1291.

« Là où le gibier se fait rare, certains engins com-
« mencent à être prohibés dès le XIVᵉ siècle : un bailli
« condamne à l'amende un individu convaincu d'avoir
« reçu un perdreau pris au lacet.

« Mais on ne s'est pas encore avisé, dans la législation
« cynégétique, de distinguer le noble du roturier, ou du
« moins la distinction ne tire pas à grande conséquence.
« Une ordonnance de 1375, rendue par Pierre le Cruel,
« défend d'entrer dans le bois royal situé derrière le
« château de Perpignan, avec ou sans chiens, muni d'une
« arbalète ou d'une arme quelconque, sous peine, pour
« tout noble, de perdre la tête, et pour tout autre, d'être
« pendu.

« Le juge de Taulignan (Dauphiné) déclare, en 1397,
« au nom du seigneur, que suivant l'ancienne coutume,
« chacun pourra en tout temps chasser aux lièvres et
« perdrix, en tous les lieux du terroir, et que la chasse
« des lapins sera ouverte de trois ans en trois ans, depuis
« le 29 septembre jusqu'au commencement du Carême.

« Au siècle suivant, dans cette même commune, le
« seigneur et les habitants sont en querelle au sujet de
« cette sorte de gibier (1471) ; ils confient à deux arbi-
« tres, un licencié ès-lois et un clerc du voisinage, le
« soin de pacifier leurs griefs. Il est décidé que la chasse
« aux lapins sera permise aux manants la troisième année,
« après que le suzerain en aura joui deux ans.

« Les transactions se renouvellent à raison d'une ou
« deux par siècle, pour vider entre les parties de sem-
« blables différends.

« Les habitants de Versigny, en Champagne, ont droit
« absolu de chasse dans les bois qui les environnent ; des
« lettres de Charles VI ordonnent au bailli de Verman-
« dois (1408), d'informer contre un gentilhomme qui pré-
« tendait les troubler dans leur jouissance. La même
« année, les gens de la châtellenie de Thiviers, en Péri-
« gord, sont maintenus dans le droit de chasser tous les
« animaux sauvages, en payant au vicomte de Limoges
« le tribut accoutumé. L'exercice de ce droit est soumis
« ainsi, en quelques localités, à une redevance en argent

« ou en nature ; les vassaux d'Allan peuvent chasser
« avec chiens, sans filets ni engins. S'ils prennent
« quelque gibier sans chasser, ils doivent le présenter
« au seigneur ; le seigneur a droit également à l'é-
« paule du cerf et à la tête du sanglier. Les habitants
« de Morteau, en Franche-Comté, doivent au prieur un
« quart du produit de leur chasse et un autre quart au
« propriétaire laïque du domaine ; il ne leur en resterait
« ainsi que la moitié, mais il ne faut pas oublier que c'est
« le vilain qui fait les parts, sans aucun contrôle, et qu'il
« donne au fond à peu près ce qu'il veut.

« Dès la fin du xvᵉ siècle, le gros gibier commence à se
« faire rare (le duc de Bretagne faisait élever et nourrir,
« en 1481, dans ses forêts, des sangliers de race espa-
« gnole) ; devenant plus rare, il sera plus disputé. Un
« arrêt du Parlement de Dijon de 1497, dans un procès
« entre l'abbaye de Saint-Seine et ses vassaux, donne à
« l'abbé le droit exclusif de pêche et de chasse (ce qui
« prouve qu'auparavant il ne l'avait pas) ; les campa-
« gnards conservent la faculté de prendre le renard et le
« blaireau et de faire avec glu et claie la chasse aux
« alouettes et autres petits oiseaux.

« Soit que la liberté de la chasse ait été considérée
« longtemps comme un droit naturel, patrimoine commun
« des citoyens, soit qu'il faille y voir, principalement au
« Midi de la France, dans les provinces de l'ancienne
« Aquitaine, un reste du droit romain ; soit enfin, et ceci
« paraît le plus probable, que personne ne se fût avisé
« d'y apporter de restrictions au temps où les bois cou-
« vraient un territoire immense, où le gibier, exagéré-
« ment prolifique, était plutôt un fléau où la population
« était peu dense et les armes à feu non encore inventées,
« le fait est que *la chasse demeura libre au moyen âge.* »

La dépossession du paysan est contemporaine des progrès de l'agriculture (comme celle de l'usage au bois l'est
de l'accroissement de la valeur des forêts) ; plus l'état
matériel du pays fut avancé, plus l'aristocratie revendiqua
comme un monopole l'exercice d'un sport qui lui avait été
jadis imposé comme une corvée.

« Dans les solitudes arides de la Marche ou du Limou-
« sin, Jacques Bonhomme parvient encore à se défendre ;
« jusqu'à la Révolution, les habitants d'Aubusson conser-
« vèrent le droit de chasser dans la forêt à cor et à cris

« et avec armes à feu ; ceux de la ville et juridiction
« d'Eymet continueront, dit une charte de 1519, à pouvoir
« chasser aux bêtes sauvages ou rousses et aux oiseaux
« de quelqu'espèces que ce soit, sans contradiction du
« seigneur ni d'aucun autre ; et si un habitant prenait
« sanglier ou biche, le seigneur n'en aurait aucun tribut,
« sinon au plaisir de ceux qui prendront les dites bêtes.

« Par contre, dans telle commune où la chasse était
« entièrement libre en 1450, elle ne l'est plus en 1550
« qu'à l'arbalète, et les perdrix sont formellement excep-
« tées de l'autorisation. Les paysans alsaciens, dans leur
« révolte de 1525, réclamaient la liberté de la chasse
« comme un héritage paternel dont ils avaient été injus-
« tement dépouillés. Là aussi la chasse venait de devenir
« une prérogative seigneuriale.

« Le landgrave d'Alsace, les comtes de Hanau et des
« Deux-Ponts déclarent, en 1501, que pour mettre un
« terme aux abus du commun peuple qui se livre de
« toutes manières à la chasse, en négligeant son tra-
« vail (?), ce qui conduit les hommes à la misère et ne
« laisse aucune trêve au gibier, ils ont décrété que, dé-
« sormais, tout individu bourgeois ou paysan doit renon-
« cer à la chasse. On vit alors des communautés obligées
« de demander grâce pour avoir voulu défendre, par une
« action concertée, les traditions de leurs pères. Natu-
« rellement une pareille prétention ne s'établit pas sans
« troubles ; dans certains comtés, comme Ribeaupaire,
« ce ne fut qu'en 1564 que le seigneur parvint à interdire
« la chasse à ses gens qui, jusqu'alors, pouvaient pour-
« suivre toutes espèces de bêtes, sauf le cerf et les che-
« vreuils.

« Dès 1514, paraissait en Brabant et en Flandres, une
« ordonnance de Charles-Quint prohibitive de la chasse ;
« on envoya les braconniers aux galères, on leur coupa
« l'oreille. C'était d'ailleurs une violation formelle du
« pacte provincial, par lequel ces Brabançons que l'on
« traitait de braconniers, jouissaient du droit de chasser
« dans toute l'étendue du duché, à l'exception des garen-
« nes antérieures à l'an 1367.

« Cette prétention nouvelle des seigneurs au droit de
« chasse se manifesta de plus en plus impérieuse : Des
« lettres-patentes confirment en 1611, aux bourgeois de
« Langres, la permission de chasser aux environs de

« cette ville ; mais cette licence, qui eût semblé toute
« naturelle deux cents ans plus tôt, fait alors l'effet d'un
« anachronisme. La poursuite du gibier sera désormais
« exclusivement réservée aux gentilshommes, soit qu'ils
« s'y livrent eux-mêmes, soit qu'ils afferment leur droit
« à un de leurs pareils à prix débattu. Les 42 hectares
« de l'évêque de Troyes sont loués 120 francs en 1613,
« tandis que pour 12 francs par tête et par an, le sieur
« de Durfort permet aux seigneurs de son voisinage de
« tirer les lapins, en Beauce, dans sa forêt de Cormain-
« ville (1628).

« Un édit de Louis XIV défendit, sous les peines les
« plus sérieuses, aux paysans et roturiers de quelques
« conditions qu'ils fussent, non possédant fiefs, seigneu-
« ries et hautes justices, de chasser (*même sur leur
« propre bien*) (1). Par contre, le seigneur put chasser
« partout, sauf depuis le 1ᵉʳ mai jusqu'à la récolte, et nul
« ne put enclore, fut-ce quelques arpents de pré ou de
« vigne, sans lui en donner les clefs.

« Le monopole de la chasse finit par pousser de telles
« racines que les gentilshommes les plus philanthropes
« le regardaient au xvmᵉ siècle comme très naturel et se
« figuraient sincèrement qu'il avait toujours existé.

« Les vassaux, eux, ne s'étaient pas habitués à ce
« privilège, et l'on sait de quelles âpres réclamations,
« il fut l'objet dans les cahiers de 1789 : S'il arrive en
« un temps d'hiver, dit la commune de Berrieux (Aisne),
« dans ses doléances, qu'un pauvre homme ait le malheur
« de tuer un corbeau, on le punit rigoureusement......

« Nous savons que les gentilshommes ont droit de
« chasse, mais nous doutons si leurs domestiques ont
« même privilège. Ce que nous disons avec douleur,
« c'est qu'en tout temps nous voyons ces domestiques
« de notre château se promener dans tous nos grains
« avec nombre de chiens, au grand préjudice de la
« paroisse....

« Ces plaintes sont monnaie courante au xvmᵉ siècle ;

---

(1) Il était même défendu aux propriétaires, en vue de la conservation du gibier, de faucher leurs prés avant la Saint-Jean (25 juin)
et comme cette prohibition était dans les années précoces, très
préjudiciable à l'agriculture, on voit pendant plusieurs printemps
successifs paraître des ordonnances royales qui autorisent la coupe
anticipée de l'herbe, nonobstant l'opposition des seigneurs.

« les cultivateurs ne cessent partout de déplorer l'abon-
« dance du gibier qui mange le tiers de la récolte, enfin
« partout l'abus du privilège de la chasse est devenu
« insupportable. »

La Révolution arriva et les législateurs, sous la pression formidable de cet abus, abolirent le privilège de la
chasse, par le vote de la loi du 4 août 1789.

D'après l'article 3 de cette loi, tout propriétaire a le
droit de détruire et faire détruire, seulement sur ses
possessions, toute espèce de gibier, sauf à se conformer
aux lois de police, etc.

A partir de cette époque, l'exercice de la chasse se fit
sous le régime de cette loi, et le 3 mai 1844 fut promul-
guée la loi sur la police de la chasse qui contient
31 articles ; c'est celle qui nous régit actuellement.

On ne peut suspecter l'intention des législateurs de
1789 qui nous en ont dotés ; ils ont moins voté pour établir un nouveau règlement de chasse, que pour abolir un
privilège.

Mais ce privilège a été retiré à une classe d'hommes
pour être conféré à la terre, et par conséquent, cette
nouvelle attribution ne répond pas aux principes d'égalité
qu'ils voulaient faire prévaloir.

En effet, que l'on accorde à la terre toutes les faveurs
qu'elle mérite, dans un but d'encouragement, comme
par exemple des primes pour certains produits, ou des
droits d'entrée protecteurs sur les céréales. Il n'y a rien
à dire à cela, car la société, en se protégeant de la concurrence étrangère, rémunère le travail et le capital à la
fois ; mais quand il s'agit d'un plaisir, d'une chose de
luxe en un mot, tout le monde doit pouvoir en jouir également ; tous les citoyens ne peuvent pas être possesseurs de terres, parce que les uns n'en ont pas les
moyens et que les autres n'ont pas de goût pour ce genre
de placement de leurs capitaux, de sorte que si les propriétaires de terres se coalisaient pour refuser la location
de leur chasse, il faudrait que la majeure partie des
Français se passassent de ce plaisir.

En outre, il faut payer au propriétaire un certain prix
de location, ce qui fait que celui-ci peut recevoir le privilège pécuniairement s'il ne le prend en nature.

Vous me direz probablement que le gibier n'est pas
un privilège donné à l'agriculteur, mais que c'est un

produit du sol, puisque c'est lui qui sert à le nourir au détriment des récoltes, et que conséquemment il appartient au propriétaire qui peut en jouir selon son bon plaisir.

Cette prétention, quant à moi, est fausse, si l'on s'élève au-dessus de l'intérêt immédiat et privé, car le prix des denrées agricoles qui récupère le travail et le capital de cette industrie rurale est subi par la société entière. En effet, posons ce problème :

Le gibier ayant mangé la moitié des récoltes de blé, qui en subira les conséquences ?

L'économie privée répondra : c'est le propriétaire ; l'économie politique dira : c'est tout le monde, et c'est cette dernière réponse qui sera seule équitable, car si le blé manquait de moitié, les prix de cette céréale augmenteraient également dans la même proportion. Et qui paierait alors cette plus value ? C'est tout le monde, tandis que le propriétaire aurait été indemnisé par le fait de la hausse du prix du blé, attendu qu'il aurait vendu ses produits bien plus cher.

Sans prétendre au sophisme, on peut conclure que c'est la société entière qui nourrit le gibier, et non le propriétaire, et toute proportion gardée la chose se passe ainsi.

Dans ces conditions, le gibier n'étant pas la propriété d'intérêts privés, il fait partie du domaine public, et parconséquent, l'État doit en assurer la préservation en réglementant la chose, afin d'en éviter la destruction totale, et il doit aussi, dans l'intérêt de la société, en retirer le bénéfice qu'il comporte, tout en procurant à tous les citoyens le moyen d'en jouir.

Je reconnais que l'application de cette dernière partie de ma théorie est plus difficile à assurer, car si après avoir cantonné ou loti, on met la chasse en adjudication, ce sera alors l'argent qui détiendra le privilège.

Pour l'éviter, on pourrait faire des lots dans chaque commune, dont le prix serait fixé d'avance ; deux francs l'hectare, par exemple, *(dans le Nord et certains environs de Paris, on loue jusqu'à dix francs)* et faire tirer au sort chaque année tous les chasseurs.

Il y a en France trente-quatre millions d'hectares de terres labourables, prés et vignes.

Puis neuf millions d'hectares de bois et forêts, soit en

tout, quarante-quatre millions d'hectares, qui, à deux francs en moyenne, formeraient l'important rapport de quatre-vingt-huit millions de francs ; avec cette respectable somme, on pourrait dégrever l'agriculture, c'est-à-dire la propriété agricole.

L'Etat serait naturellement obligé d'augmenter son personnel forestier, et de veiller énergiquement à la préservation du gibier en traquant le braconnage, ce dont il se soucie peu actuellement.

Après ce prologue que vous trouverez trop long peut-être et inutile, nous allons passer du domaine de la théorie pour entrer dans celui des faits, en examinant les questions de droit qui peuvent se poser pour les usagers d'Imphy.

Jusqu'à présent, il paraît entendu que la propriété du fonds des usages appartient à la maison du Bourg. Non seulement les titres que détiennent ces propriétaires en attestent la possession, mais en ce qui concerne la forme juridique, elle a été consacrée par les tribunaux, à savoir que les usagers d'Imphy sont aménagés et parconséquent ne peuvent prétendre à la propriété du sol.

Dans ces conditions, il paraît inutile de discuter la possession de la chasse.

Mais à titre d'étude, et où l'examen de cette discussion me paraîtrait moins oiseux, c'est dans la question de savoir si l'exercice de cette jouissance n'est pas comprise dans celles que peuvent exercer les usagers, et dont ils bénéficient depuis longue date, à tort ou à raison.

La loi n'admet pas la prescription en faveur de la chasse ; ainsi, un propriétaire peut laisser chasser sur son terrain pendant 50 ans ; le jour où il ne lui plaira plus il aura le droit de l'interdire.

De ce côté donc les usagers ne peuvent prétendre que la prescription leur donnerait raison.

En outre, la convention de 1619 déclare que les usagers jouiront selon les coutumes et pas autrement ; or, l'art 16 des coutumes de Nivernais s'exprime ainsi :
« Ceux qui seront trouvés chassant en garennes ou conninières seront punissables comme larrons ».

On peut donc prévoir la position défensive et forte que prendrait le propriétaire, s'il en était mis en demeure.

Cette position ne paraît cependant pas inexpugnable ; elle possède des points faibles par où la brèche pourrait se produire, et c'est comme je viens de le dire, à titre d'étude que je vais en faire l'exposé.

La convention de 1610 ne fait aucune défense de chasser, elle prescrit seulement de jouir selon la coutume ; or, l'art. 16 que je viens de citer ne s'applique qu'à la prohibition de chasse dans « *les garennes* (1) *ou conninières* », c'est-à-dire dans les bois préparés et aménagés spécialement pour la propagation du gibier. Nous avons vu qu'à une certaine époque, la création de ces garennes a été interdite aux seigneurs par Jean le Bon et Charles VI ; on ne peut donc pas les confondre avec un bois commun ou une forêt ordinaire.

En outre, la susdite convention ayant été passée en 1610, elle tombe sous l'empire des prescriptions de l'ordonnance Royale des Eaux et Forêts, en ce qui concerne les art. 14 et 20 du titre 30, qui accorde aux seigneurs, aux gentilshommes et aux nobles le droit de chasser dans l'étendue de leurs hautes justices et dans leurs forêts, garennes et plaines, lesquelles prescriptions ont reçu par des arrêts de la jurisprudence de l'époque (23 décembre 1566, 17 mars 1578) une extension dont l'application bien plus large faisait bénéficier de la chasse les *roturiers propriétaires de fiefs*.

De plus, si on considère que la servitude usagère était attachée non pas à l'homme, mais à la maison et aux feux qui constituaient une exploitation agricole et que la propriété de celle-ci pouvait appartenir aussi bien à un noble ou à un gentilhomme qu'à un roturier (2) il en résulte, selon ces considérations et selon aussi celles relatives à l'ordonnance en vigueur à cette époque, que la chasse faisait partie des jouissances diverses, dont l'usager tirait parti depuis longue date, ce qui par conséquent autorise à croire que l'aménagement opéré par transaction en 1610, a eu autant pour but de *cantonner la part au bois de chauffage que celle à la chasse*.

---

(1) On appelait garenne, dit M Guyot dans son répertoire de jurisprudence, toute terre de défense ; il y avait des garennes de lièvres aussi bien que de lapins et des garennes d'eau.

(2) Les archives de Nevers nous apprennent que Aignan Fournier, seigneur *roturier* du Bouchot, Thiernay et des Brosses a rendu hommage à cause de sa terre de Prie-sur-Ixeure à haute et puissante dame d'Anclenville, dame d'Arquian de Prie, d'Imphy, etc., etc.

Pour aider à l'intelligence et à la compréhension de ce que je viens d'exposer, je vais donner les commentaires que le jurisconsulte Guyot a publiés dans son répertoire de jurisprudence édité en 1784, avec la collaboration de plusieurs maîtres, dont l'autorité en matière est incontestée :

« *Des personnes à qui appartient le droit de chasse.*

« D'après les dispositions que renferment tant les anciennes ordonnances que les nouvelles, on doit établir pour maxime, que parmi nous le roi a présentement seul le droit primitif de chasse, que tous les autres tiennent ce droit de sa majesté, soit par inféodation ou par concession et qu'elle peut le restreindre comme bon lui semble.

« C'est en conséquence, de ce principe que les art. 14 et 26 du titre 30 de l'ordonnance des eaux et forêts ont accordé aux seigneurs, aux gentilshommes et aux nobles le droit de chasse dans l'étendue de leurs hautes justices et dans leurs forêts, garennes et plaines, mais, sous la condition qu'ils ne pourraient chasser à force d'oiseaux et chiens qu'à une lieue de plaisir du roi et pour les chevreuils et bêtes noires dans la distance de trois lieues.

« Lorsque le fief de la paroisse appartient à un autre qu'au seigneur justicier, celui-ci n'en a pas moins le droit d'y chasser, mais il ne peut empêcher le propriétaire du fief d'en faire autant.

« Baquet rapporte un arrêt du 23 décembre 1566, par lequel le seigneur justicier du fief de Villemonde a été maintenu dans sa possession de chasser sur son fief, sans être tenu de demander pour cet effet aucune permission à sa dame de Mont-Jai haute justicière.

« Le même auteur cite un autre arrêt du 17 mars 1573, par lequel Claude de Buffemont, écuyer, seigneur de Saligny a été maintenu dans le droit de chasser sur son fief, relevant de la haute justice du seigneur de Saligny.

« Au surplus, cette jurisprudence se trouve formellement établie par l'article 26 dont on a parlé ci-dessus ; on peut même ajouter que, dans la plupart des provinces, le droit de chasse des seigneurs de fiefs a plus d'étendue que celui des seigneurs hauts justiciers.

« Le droit de ceux-ci est regardé comme purement honorifique et par conséquent personnel et incommunicable. Le droit de ceux-là est non-seulement hono-

« risque, mais encore réel, inhérent à la glèbe et par
« conséquent divisible comme le territoire dont il est une
« espèce de fruit.

« Il suit de là que le seigneur haut justicier n'y peut
« user du droit de chasse qu'en personne et qu'au con-
« traire le seigneur féodal peut communiquer ce droit à
« ses enfants, ses amis, ses domestiques ; et aussi voit-
« on que rien n'est plus ordinaire que des permissions
« de chasse données par des seigneurs de fiefs ; et non-
« seulement le ministère public ne relève pas contre ces
« permissions, mais encore toutes les fois qu'on fait des
« rapports contre un chasseur avoué du seigneur du fief
« sur lequel il a chassé, on les déclare nuls.

« Cette jurisprudence est attestée par l'oquet, grand
« maître des eaux et forêts de France, qui s'exprime
« ainsi dans ses lois forestières : le simple possesseur
« du fief, comme nous le voyons entr'autres par les arrêts
« de la Cour du 28 décembre 1566 et du 17 mars 1578
« peut, sans la permission du haut justicier, chasser et
« permettre de chasser dans l'étendue de son fief. Le
« droit qu'ont les gentilshommes et les nobles de pou-
« voir chasser sur leurs terres s'étendait aussi au cas
« où ces terres étaient *en roture*. Mais cette jurispru-
« dence a été changée par l'arrêt du Conseil du 20 jan-
« vier 1761 (1).

« Cette loi défend à toutes sortes de personnes de
« quelques qualités et conditions qu'elles soient, qui
« n'ont pas le droit de chasser à cause de leurs fiefs ou
« de leurs hautes justices, de chasser ou faire chasser,
« sous quelque prétexte que ce soit, même en vertu des
« cessions qu'on leur aurait pu faire par conventions ou
« par baux emphytéotiques qui ne contiendraient point
« aliénation des fiefs ou hautes justices dans l'étendue
« desquels le droit de chasse aurait été cédé. »

Nous venons donc de voir d'après l'exposé de ce célèbre jurisconsulte, qui a écrit son ouvrage presqu'au

---

(1) Texte de l'article 28 du titre 30 de l'Administration des eaux
et forêts : Faisons défenses aux marchands, artisans, bourgeois
et habitants des villes, bourgs, paroisses, hameaux et villages,
paysans et roturiers de quelque état et qualité qu'ils soient, non
possédant fiefs, seigneuries et haute justice, de chasser en quelque
lieu, sorte et manière et sur quelque gibier de poil ou de plume
que ce puisse être.

moment où régnaient encore les lois féodales , qu'en 1619, la chasse pouvait être exercée par les usagers à quelque rang social qu'ils appartinssent, et que ce n'est qu'à partir de l'arrêt du 20 janvier 1761, que les propriétaires de fiefs pouvaient chasser ainsi que les hauts seigneurs.

Le caractère distinctif des lois antérieures à cet arrêt était qu'elles attribuaient le droit de chasse à la qualité sociale des hommes, avec pouvoir à ceux-ci de déléguer leurs privilèges à d'autres, y compris même leurs domestiques.

Tandis que la loi du 20 janvier 1761 ne confère ce droit qu'à une classe de privilégiés et en même temps le concède aussi à la terre, c'est-à-dire aux propriétaires ou seigneurs de fiefs (ces derniers fussent-ils roturiers).

Cette loi fournit la preuve péremptoire que l'exercice de la chasse était autorisé, avant sa promulgation ; parce que l'on ne peut défendre une chose qu'autant qu'elle se pratiquait.

Enfin, pour terminer, j'ajouterai que la jurisprudence actuelle adopte d'une façon générale l'arrêt de la Cour d'appel de Metz, du 26 février 1850, où il a été jugé que le droit de jouir d'une forêt ou de l'exploiter n'emporte pas le droit de chasse lorsque la concession remonte *à une époque où ce dernier droit ne pouvait comme féodal être exercé par l'usager.*

CHAPITRE V.

Quelques notes sur Imphy.

J'ai déjà dit précédemment que c'est à partir du règne de Louis le Gros, un peu avant la moitié du XIIe siècle, que commença de tous côtés l'affranchissement des serfs et leur évolution dans les campagnes.

Antérieurement à cette époque, où se fondèrent un peu partout tous ces villages dans la campagne, la vie en liberté, au milieu des terres presqu'entièrement couvertes de bois, était impossible dans un pays où il n'y avait ni administration ni autorité. Il fallait nécessairement, pour pouvoir y résider, se protéger soi-même et se trouver en nombre important ; c'est ce qui explique pourquoi les hommes, pendant longtemps, se groupaient pour fonder sous l'autorité d'un chef ou *seigneur* ce qu'on nommait une cité.

Ces villes anciennes, qui remontent aux temps les plus reculés, étaient toutes entourées de murs grossiers avec des tours de distance en distance ayant à leur pied un fossé assez profond.

Cette fortification, des plus rudimentaires, qui se modifiait en se fortifiant au fur et à mesure, leur évitait les surprises des pillards guerriers, et la population entière, hommes et femmes, en assurait la défense sous la conduite de leur seigneur.

Généralement, si ces êtres malheureux trouvaient dans le groupement la sécurité de leur vie, ils ne faisaient bien souvent que prolonger le martyr de leur existence ; car, emprisonnés pour ainsi dire dans leur forteresse, ils avaient à subir trop souvent la tyrannie de leurs chefs, et si par hasard la nature avait placé la bonté et la justice dans le cœur de ces hommes que la Providence avait désignés pour vivre en maîtres sur leurs semblables, nos malheureux ancêtres ne pouvaient que rarement apprécier ces dons privilégiés que le créateur distribue avec trop de parcimonie dans le cœur des humains, parce que les actions ou les ordres émanés des bons sentiments de ces maîtres, qui avaient le droit de mort sur eux, étaient toujours annihilés par la brutalité sauvage de leur entourage ou de leurs serviteurs, qui manquaient rarement d'être plus terribles et plus cruels que leurs seigneurs.

Ces agglomérations humaines se fixaient généralement auprès d'une rivière, où ils profitaient de l'abondance et de la fécondité des terrains d'alluvion qui la bordent et qui sont si propices à créer de beaux pâturages pour l'élevage des troupeaux. Les routes n'existant pas, les rivières assuraient leurs transports et par conséquent le moyen de pénétrer dans le pays avec plus de sécurité que par des chemins qu'ils auraient pu créer.

En ce qui concerne Imphy, il est assez difficile d'assigner une date précise à la fondation de ce bourg ; le peu de renseignements que l'on possède et qui sont fournis par les auteurs ayant écrit l'histoire du Nivernais, ou par les archives départementales, permettent de croire que ce village, dont la création n'a débuté que par quelques misérables chaumières, a vu ses premières habitations construites par la colonie qui vint s'établir vers la fin du XII° siècle avec de Chevenon, seigneur qui édifia le château ainsi que le bourg qui porte actuellement son nom.

Les premières habitations qui apparurent dans ces lieux isolés, étaient généralement groupées aux alentours des manoirs, résidences des chefs de la main-d'œuvre qu'élevaient les seigneurs ou les puissantes abbayes qui colonisaient pour l'exploitation des terres et cela, à l'époque où, sortis de la barbarie des premiers âges, ces maîtres pouvaient s'exposer à habiter en dehors des cités avec leurs serfs.

Avant l'installation de ces primitives demeures faites de bois et de terre, le territoire qui devait voir naître Imphy était fréquenté furtivement par les mariniers qui sillonnaient la Loire entre Decize et Nevers, et cela pendant un temps considérable, car ces deux villes existaient avant l'occupation des Gaules par les Romains.

Jules César, dans ses *Mémoires militaires,* parle de Nevers *(Noviodunum)* comme étant un de ses principaux dépôts ; il y avait installé ses magasins généraux et ses caisses militaires ; c'était à Nevers qu'il envoyait ses prisonniers de guerre et c'était aussi le dépôt des chevaux qu'il faisait venir d'Espagne.

Quant à Decize, M. Frédéric Girard, dans sa *Notice historique,* nous apprend que César, dans ses *Commentaires,* raconte qu'il dut quitter son armée, en train de combattre Vercingétorix, pour aller présider une assemblée à Decetia (Decize).

Don Cassius, qui écrivit l'histoire romaine au III° siècle, rapporte aussi ce même fait.

Il paraît de toute vraisemblance qu'Imphy n'aurait été constitué qu'après Chevenon, car le seigneur Jean de Chevenon ne prenait encore que les titres de seigneur de Chevenon, Pacy, Sermoise, Puly et de Nigenne, huissier d'armes du roi, ainsi que l'atteste une quittance (de cinq cents livres d'or à lui ordonnez en considération de ses services à la guerre et ailleurs, 1390). Cette pièce est scellée aux armes de Chevenon.

Ce n'est que plus tard, à la naissance de son fils Guillaume, qu'il qualifia celui-ci de seigneur de Chevenon, d'Infy, etc.

Toutefois, comme Jean de Chevenon fit hommage (1) à
Hué d'Amboise, chevalier, seigneur de Saint-Verain en
Nivernais, en 1390, pour la terre de Chezeaux (Chazeau),
et dont il paya le 5ᵉ denier le 28 novembre 1391, on est
tenté de croire qu'Imphy aurait pu exister à une époque
bien antérieure, car la terre de Chezeau que Hué d'Amboise avait cédée, était depuis longtemps en la possession
de ce seigneur, qui l'avait lui-même acquise de Guiot et
Hérard, seigneurs également de Saint-Verain ; or, ces
deux seigneurs vivaient en 1280 ; ce sont peut-être eux
qui ont fondé le manoir de Chazeau et la terre d'Imphy
qui était séparée de celle de Chazeau. N'a-t-elle été acquise
par le seigneur de Chevenon qu'après son installation
dans le bourg qui porte son nom ? C'est ce qu'il est difficile de savoir. Néanmoins, on ne peut guère supposer une
date plus ancienne à la fondation d'Imphy, étant donné,
comme je le disais précédemment, le peu de sécurité
qu'avaient les habitants pour pouvoir vivre en pleine campagne. Ce privilège n'était guère donné qu'aux abbayes,
monastères, prieurés, etc., dont la fonction sacro-sainte
leur garantissait l'immunité contre la rapine et la dévastation des gens de guerre, dont les croyances supersti-
tieuses étaient aussi fortes que leurs mœurs étaient
cruelles.

Les habitants qui vivaient en pleine campagne avaient
généralement le recours de s'enfermer dans le château-
fort du seigneur, et tout en aidant à la défense, ils s'épar-
gnaient les horreurs du pillage par les bandes d'aventu-
riers qui parcouraient de temps à autre le pays, soit dans
l'intention de se rendre d'une contrée à une autre pour y
faire la guerre, soit dans le but de rançonner un peu partout ceux qu'ils pouvaient. Cette façon de se faire la

---

(1) « Pour posséder un fief, une terre, etc., il ne suffisait pas,
« comme aujourd'hui, de s'acquitter de son prix d'achat ; il fallait
« en outre rendre *hommage* au suzerain de cette terre ou de ce fief.
« Cette cérémonie féodale était encore en vigueur au xviiᵉ siècle ;
« c'était de la part du vassal l'acte de prêter serment de fidélité ou
« seigneur dont son fief relevait ; il y avait *l'hommage franc*, que
« le vassal prêtait avec une sorte de dignité, debout et la main sur
« les saints Évangiles, et *l'hommage lige*, beaucoup plus humble, où
« le vassal ne comparaissait devant son seigneur que sans ceinture,
« sans éperons, la tête nue, et prêtait serment un genou en terre et
« les mains jointes tenues dans celles de son seigneur. »

guerre les uns aux autres entre seigneurs était une industrie assez florissante au moyen-âge.

Ces châteaux-forts, qu'on nommait autrefois *castels* ou *chastels*, élevés dans des endroits aux abords bien souvent inextricables, soit à cause de leur situation au-dessus des rochers ou sur des fonds dont l'eau et les marécages en défendaient l'accès, et que nous voyons disséminés çà et là, n'ont pas été construits comme les châteaux modernes, pour servir de demeures somptueuses, procurant à leurs heureux hôtes tout le confort que nos mœurs raffinées et notre civilisation à outrance imposent aujourd'hui. Non ; ils ont été édifiés à la hâte bien souvent, dans des conditions insalubres, avec des appartements sans air et sans lumière, dans un ordre différent, car ils avaient pour but d'assurer non seulement le logement du seigneur, mais encore et surtout d'être un refuge sérieux pour la défense de l'existence de ces petites colonies qui allaient porter la vie et la fécondité dans les campagnes.

Si les dehors de la cité de Nevers commençaient à se peupler d'habitants, dit Parmentier dans ses *Archives de Nevers*, comme ils étaient sans clôture et sans défenses, ils se trouvaient continuellement à la merci des Cottereaux (1), Brabançons et autres brigands qui désolaient le pays.

Ces désordres durèrent très longtemps, même après la création de ces bourgs et villages ouverts dont les habitants forment aujourd'hui la population rurale de la France.

Les villes fortifiées, les cités comme on les appelait, n'étaient pas épargnées non plus des désastres du brigandage ou des exactions des troupes que levaient certains puissants seigneurs pour aller combattre contre celles du roi.

Le recrutement des hommes destinés à faire la guerre ne se faisait pas autrefois comme de notre temps ; le roi ou les seigneurs, selon les forces qu'il leur fallait, engageaient des troupes de mercenaires un peu partout, bien souvent dans les pays étrangers ; et ceux-ci qui en faisaient un métier, une fois libérés, s'en retournaient pour aller prendre un autre engagement, de sorte qu'entre

---

(1) Bandes guerrières qui provenaient du pays des Flandres.

temps ils ne vivaient que de pillage et de rapines de toutes
sortes.

Ainsi, la ville de Decize a subi en 1525 les horreurs les
plus cruelles que l'on puisse imaginer, de la part d'une
troupe de deux mille Italiens commandés par le comte de
Bellejoyeuse qui allait au service du roi.

Ecoutons Guillaume Coquille (père de Guy), qui était
échevin de ladite ville à cette époque : « Le vendredi
« 12 mai 1525 il a été fait par ladite bande, en ladite ville
« et contre les habitants d'icelle, un si grand et énorme
« excès qu'il n'est possible de le savoir dire ni préciser,
« car la plus grande partie des habitants, sans compren-
« dre ceux des villages des environs de ladite ville qui en
« icelle s'étaient retirés, ont été par les gens de la bande
« du comte de Bellejoyeuse, tués et défaits ; les autres
« blessés et martyrisés ; des filles et des femmes violées
« et toutes les maisons de ladite ville de Decize indéfini-
« ment pillées et, nonobstant que les habitants ont été
« pillés de leurs biens, la plupart de ceux qui se sont
« sauvés avec leurs femmes ont été obligés de payer
« rançon.

« Par le moyen desquels excès n'est à présumer que
« les vivants qui restent voient ladite ville se retrouver
« en l'état qu'elle était.

« Bellejoyeuse, installé dans le couvent des sœurs de
« sainte Claire, abritait quelques habitants contre les
« fureurs de ses soldats obligés de respecter ce monas-
« tère comme un lieu d'asile.

« Quelque temps auparavant, dit le même auteur,
« le capitaine Malevrier et sa bande, ainsi qu'une autre
« bande de lansquenets conduits par le duc de Clifford,
« firent d'innombrables maux et excès, comme de piller
« les habitants, violer et emmener les femmes, mettre à
« perdition et laisser aller les vins, même la bande du dit
« Malevrier mit feu à la ville. »

La ville de Decize, quoique fortifiée, a donc subi plusieurs fois les atroces méfaits qu'on vient de lire, et
cependant ils étaient commis par des troupes soi-disant
régulières, puisqu'elles allaient pour combattre au service
du roi. Ces actes de barbarie provenaient toujours du
refus que faisait la ville de ne pas souscrire à leurs prétentions exagérées, et les chefs qui commandaient ces
forbans ne pouvaient même plus les retenir après les

avoir lancés, tant l'amour du pillage, du feu, du sang et du viol était incarné chez eux et leur procurait une jouissance suprême.

Les châteaux-forts n'étaient pas non plus épargnés.

Je vais citer un mémoire relatant une attaque du château de Druy, édifice qui existe encore et qui fut rebâti et fortifié en 1388 par Bureau de la Rivière, seigneur de Druy :

« En 1470, dit ce mémoire, il se trouvait dans la forteresse une garnison de gentilshommes avec leurs varlets, lorsque le lundi au soir, cinquième février, audict 1470, plusieurs gentilshommes du pays, au nombre de 80, accoururent au château de Druy, disant que 10 ou 12 mille Bourguignons les suivaient et avaient pris les châteaux et ville de Prémery, tué et mis à mort toute la noblesse du Nivernais.

« Et furent audit Druy jusqu'au mardi après que leurs capitaines les envoyèrent quérir pour retourner sur les Bourguignons. Et le septième du même mois de février les gens de M. des Bordes entrèrent en garnison audict château de Druy et y furent jusques au premier avril suivant, pendant lequel temps les Bourguignons tenaient les champs et venaient toutes les nuits jusques au pied des murs pour essayer de les surprendre. »

La ville de Nevers, quoique plus forte en population, a eu aussi ses transes de crainte ; car on trouve dans les comptes de ses archives qu'elle offrit, en 1420, une chandelle aussi longue que la ville a de circuit ; cette chandelle fut portée et offerte à saint Antoine, le jour de la Madeleine, afin de se faire protéger et écarter les ennemis qui étaient autour de ses murs.

Cet étrange vœu n'est pas le seul, car dans les comptes du receveur Jean de Lucenal il y est dit qu'en 1438 il y eut épidémie de peste et qu'on fit une procession générale à saint Antoine, où fut offerte une bougie de mille toises de long qui était la mesure du tour de la ville.

Ce genre d'offrande, qui devait consister en un fil de laine imprégné de cire, se retrouve dans certaines villes de France. A Valenciennes, par exemple, on célèbre chaque année la fête du *Saint-Cordon*, en commémoration d'un cordon dont la longueur égalait aussi le pourtour de la ville, qui fut offert à Notre-Dame pendant une épidémie de peste qui faisait rage.

Les ennemis qui menaçaient la ville de Nevers, et dont

on parle ci-dessus, devaient être les troupes des Armagnacs ; car on trouve une note également dans les archives, qui indique qu'en 1422 « on envoie les ladres (1) au « bois quérir et charroyer le bois nécessaire pour cuire « la chaux dont on avait besoin pour la construction de la « Boullerie, personne n'osant s'y risquer de crainte de « tomber es mains des ennemis (les Armagnacs). »

Il est donc inutile d'insister pour démontrer l'impossibilité de vivre en dehors des villes ou cités avant le xiii° siècle ; il n'y a, comme je l'ai dit, que les abbayes, couvents, prieurés, etc., qui pouvaient y tenir ; aussi voit-on de ces établissements dans les temps les plus reculés. L'abbaye de la Ferté-sur-Ixeure est attestée par un document de l'an 700 ; le couvent de Faye existait en l'an 900, une transaction du supérieur avec le comte de Nevers en révèle l'authenticité.

Comme monuments ou habitations, nous ne retrouvons presque rien de ces temps historiques qui puissent nous donner une date précise et indiquer par cela l'existence d'Imphy dans les temps reculés.

L'église avec son clocher saxon (comme toutes les églises contemporaines d'ailleurs), dont le style grossier des voûtes Roman-gothique de son transept et de sa nef, nous indique que sa construction remonte au déclin du Moyen Age, vers le xiii° siècle.

Son orientation est également conforme à la décision d'un Concile qui avait déclaré que l'on devait exiger pour la construction d'une église que le maître-autel fût disposé de façon que les fidèles adorant le Saint-Sacrement qui repose dans le tabernacle aient la face tournée vers l'Orient.

On pourrait supposer qu'elle a été construite par les seigneurs-propriétaires de Chazeau vers 1300, pour les pratiques de la foi des tenanciers et des serfs de leur fief ; ces premiers vassaux qui ont dû fonder le manoir de cette terre étaient des seigneurs très religieux qui habitaient Saint-Verain, lieu de pèlerinage des habitants

---

(1) Les ladres étaient les malades de la lèpre.

Cette maladie était caractérisée par des tubercules rongeants sur tout le corps ; la superstition populaire exagérait le danger de la contagion ; aussi les ladres pouvaient-ils aller quérir du bois tranquillement ; auraient-ils été chargés d'or que personne ne en serait hasardé de les toucher.

du Nivernais, et dont l'un d'eux était frère de l'évêque de Sens, de qui il en tenait la terre par héritage vers l'an 1280.

Mais cette supposition est repoussée, si l'on tient compte que les règlements canoniques conservaient pour les évêques le droit de faire bâtir des églises, à moins que ceux-ci n'y soient disposés et que les seigneurs en sollicitent la construction ; dans ce cas alors, il fallait que ce fût sur leur terre, et comme Imphy ne faisait pas partie des terres du fief ne Chazeau, on peut abandonner l'idée que ce sont les seigneurs de ce fief qui ont fait construire l'église. Il est alors probable que leurs habitants se transportaient à Sauvigny-les-Chanoines, comme on disait autrefois, ou à l'église de Pryc qui est de date bien plus ancienne.

D'ailleurs, le bon état de conservation des maçonneries de cet édifice, ainsi que la possession de la terre sur laquelle elle se trouve bâtie, et en outre le bénéfice que constituait le prélèvement des dîmes imposées aux paroissiens, laisse dans l'esprit cette croyance que ce fut Jean de Chevenon ou Bernard de Chevenon, son frère, évêque de Nevers à cette époque, qui en fit faire la construction vers 1370 ou 1380.

Tout près de là on remarque encore aujourd'hui trois vieux bâtiments qui doivent être contemporains de cette fondation ; on a démoli à l'un d'eux pour le service du chemin de fer une vieille tour, signe de son ancienne autorité féodale, dans laquelle il existait un escalier à vis en pierre dure, d'une construction très originale et surtout très difficile à exécuter.

Ce vieux bâtiment, s'il n'était l'habitation du seigneur du fief d'Imphy, ce qui est supposable, pouvait servir de demeure à quelque prévôt chargé par le seigneur de Chevenon, de percevoir les droits de péage sur les mariniers, si nombreux à l'époque, où les routes n'existaient pas.

Son emplacement près de la rive de la Loire sur un plan supérieur aux plus hautes eaux du fleuve, le faisait choisir préféremment à tout autre, si l'on observe surtout qu'il était impossible sur la rive gauche, cependant plus à proximité du château féodal.

Mais je crois que l'on ne doit pas s'arrêter à cette conjecture et que l'on peut admettre que ce bâtiment servait de demeure, comme je le disais ci-dessus, au seigneur du fief d'Imphy ; c'était à n'en pas douter son manoir.

Toutes les autres constructions, si médiocres à cette époque, ont disparu pour faire place aux bâtiments actuels ; il faut cependant en faire l'exception pour le groupe de Chazeaux qui est resté presqu'intact. On a fait néanmoins, il y a quelques années, une restauration avec addition assez harmonieuse au vieux manoir, ce qui constitue aujourd'hui une habitation d'aspect original, noyée dans cette riante et verte vallée de l'Ixeure, qui offre aux yeux toujours avides de verdure, le tableau d'un gracieux paysage digne du pinceau d'un Corot ou d'un Diaz.

Le fief de Chazeau appartenait en suzeraineté au comte de Nevers (Nevers n'était pas encore érigé en duché) ; ses plus anciens seigneurs propriétaires que l'on connaisse sont Guiot et Hérard de Saint-Verain, qui avaient acquis cette terre de Hué, seigneur également de Saint-Verain ; nous avons vu que Jean de Chevenon avait acheté Chezeau à Guiot et Hérard l'année 1390 et qu'il fit hommage au comte de Nevers la même année pour la possession de cette terre.

Henriette Girard, veuve de Guillaume de Chevenon, fit également hommage en 1461 au comte de Nevers pour cette même terre qu'elle tenait en héritage de son mari tué en 1415 à la bataille d'Azincourt.

On verra dans la suite par la généalogie que je vais établir, quelles sont les familles qui en ont continué la possession.

Ce qui peut nous donner une idée de la faible importance qu'avait à ces époques la population qui constituait Imphy, Chazeau et Prye, c'est qu'en 1619, le seigneur d'Arquian d'Ancienville, descendant par alliance des de la Platière, des de Lagrange et des de Chevenon, fit avec les usagers la convention usagère que nous connaissons ; ils étaient seulement au nombre de dix.

Ces dix usagers formaient non la totalité des habitants du territoire d'Imphy, Chazeau et Prye, mais l'ensemble des maisons ou feux, et on peut dire avec certitude, qu'ils étaient les descendants directs des ancêtres qui avaient formé la colonie qui fonda le bourg d'Imphy.

En général, les premières préoccupations des fondateurs

d'un pays furent d'assurer la récolte des grains ; les troupeaux trouvaient dans les forêts de quoi se nourrir, mais les hommes, pour satisfaire ce même besoin, devaient préalablement défricher les bois qui couvraient la surface de la terre.

On comprendra que les causes qui ont pu les influencer pour déterminer leur choix dans l'emplacement des premières habitations, résident en premier lieu dans la nature et la qualité du sol.

Une fois ce choix fait, le seigneur s'occupait de faire construire un moulin et une église, constructions indispensables ; l'une assurant la nourriture du corps et l'autre celle de l'âme.

Les intérêts du seigneur se conciliaient parfaitement avec ces dépenses qui n'étaient pas très lourdes d'ailleurs, attendu que le caractère d'intérêt public qu'avaient ces constructions permettait d'employer tous les habitants sous forme de corvées.

Le maître n'avait qu'à pourvoir aux dépenses des choses qu'il ne pouvait pas obtenir directement de la main-d'œuvre de ses serfs, mais en retour il percevait sur les habitants auxquels il était rigoureusement défendu de moudre euxmêmes, ou d'aller faire moudre ailleurs (1) ; des droits de mouture qu'il fixait arbitrairement.

En ce qui concerne l'église, quand ce n'était pas l'évêque qui la construisait (car il en avait le droit de préférence), le seigneur percevait l'excédent des dixmes (2) que lui rendait le prêtre décimateur après les avoir prélevées sur les paroissiens auxquels elles étaient obligatoires.

---

(1) *Coutume de Nivernais* : la peine du sujet qui va moudre autre part qu'au moulin banal est de la confiscation des farines avec amende de sept souls six deniers.

(2) Les dixmes ou dîmes représentaient l'impôt obligatoire que devaient au curé tous les paroissiens, sauf une catégorie du privilégiés.

Il consistait généralement dans le dixième des produits de toutes sortes chaque année, (ainsi une récolte de 100 gerbes de blé était dîmée de 10 gerbes ; sur 10 poules on en devait une, etc).

C'était en un mot, l'impôt sur le revenu que des gens soi disant avancés préconisent aujourd'hui.

Comme bien l'on pense, le prêtre ne gardait pas tout pour lui, la plus grande partie passait à l'évêque et ensuite au seigneur.

La portion congrue, c'est-à-dire le faible traitement que les prêtres devaient retirer a été fixé à 300 sols par an par le XIe canon du Concile de Cognac.

Pour le choix des terres à défricher, les colonisateurs s'exerçaient dans celles où la culture leur paraissait le plus propice, tout en évitant les excès de main-d'œuvre. Il est donc naturel que les défrichements qui concernaient le territoire d'Imphy se sont exécutés de préférence au sud où les terrains sont plus doux, (les Plauts et les Cômes (1). La partie nord du territoire a été exploitée la dernière à cause de la mauvaise qualité du sol dont le fond et la surface n'offrent qu'une agglomération d'argile et de cailloux siliceux.

Ces terrains, d'ailleurs défrichés les derniers, ont en partie été appropriés à des plantations de vigne, car l'existence de cette culture nous est révélée de bonne heure, c'est-à-dire en 1415 par des baux à cens et par la profession de vigneron donnée à des individus domiciliés à Curty et Chazeau en cette époque.

L'établissement d'un moulin à Imphy s'est fait aussi dès les premières années de la colonisation.

Si le versant du flanc gauche qui borde la vallée de l'Ixeure n'avait pas été aussi abrupt, il est probable qu'il eût été préféré comme étant plus proche du bourg pour l'établissement de ce moulin ; mais autant la construction d'un bief d'amenée des eaux pouvait facilement se faire sur les pentes douces et uniformes du flanc droit, autant il se présentait de difficultés sur celui opposé.

Chacun sait que pour obtenir une chute d'eau artificielle capable de faire mouvoir une turbine, il faut barrer une rivière et conduire l'eau par un bief horizontal de façon que sur une distance importante et selon que la pente du cours d'eau est plus ou moins rapide, on obtienne une différence de niveau qui constitue la *chute*. L'idée du fondateur d'Imphy était assez ingénieuse ; il a profité de la pente rapide de l'Ixeure pour obtenir cette dénivélation importante, qui est, si je me souviens bien, au moins de cinq mètres, ce qui, en admettant un emploi utile de quatre mètres et un débit pendant les quatre mois de sécheresse de 700 litres à la seconde ; produit une force de 37 à 40 chevaux-vapeur, et pendant les huit autres mois, où le débit peut se faire, il me semble, à raison de deux

---

(1) Le grand Vernet (ainsi nommé à cause d'énormes vernes qui s'y trouvaient) Doulou et le Vernet dépendaient de la seigneurie de Chevanne et des Asserts (Essards).

mètres cubes à la seconde, on peut recueillir une force utilisable de 105 chevaux.

Cela n'a l'air de rien, mais n'en constitue pas moins une richesse naturelle, dont l'usine qui en est actuellement propriétaire réalise chaque jour (ou peut le faire en tous cas) un bénéfice très appréciable, si l'on pense qu'une machine à vapeur coûte en houille environ deux kilogrammes par heure et par cheval, ce qui produit pour l'été une économie de 40 francs par jour de 24 heures pendant quatre mois, et 110 francs si l'on employait toute l'eau pendant la saison humide des huit autres mois ; en tout 30,000 francs par année.

Les habitants furent donc employés aux travaux nécessaires pour la construction du bief et de l'étang que nous voyons encore aujourd'hui, et le moulin qui fonctionna à l'emplacement même de la turbine actuelle de l'usine, assurait la mouture des grains des habitants presque dès leur installation dans le pays. Son existence est attestée par les notes ci-après que l'on trouve dans les archives de Nevers et dont différents inventaires sont déposés aux archives nationales à Paris ; nous verrons en même temps comment cet établissement céda sa place à une forge en 1665.

Sentence de Jean Chaulmier, lieutenant général, bailli de Nevers, sous la date des 19 et 20 août 1469, décidant que le péage par eau de la ville de Nevers s'étend depuis le moulin d'Imphy en descendant la rivière Loire jusqu'au bec d'Allier.

Comptes de 1521. — Payé à Guillaume Brœcard, messager, 4 sols tournois pour être allé à Imphy, au moulin, s'enquérir d'un marchand étranger qui voulait transporter des blés hors du pays de Nivernais malgré les ordonnances contraires.

Comptes de 1530. — Milet Blondeau, sergent, se rend au moulin d'Imphy pour faire descendre un bateau de blé jusqu'à la ville, qui en avait grosse nécessité.

1665. — Concession accordée à sire Champion Antoine pour l'exploitation d'une forge et manufacture de fer blanc à l'emplacement du moulin d'Imphy.

La création d'une forge dans cette petite bourgade allait bouleverser les habitudes et créer de nouvelles mœurs dans le pays ; à partir de cette époque, en effet, la population augmenta dans une notable proportion ; les ouvriers étrangers vinrent s'y établir d'un peu partout, et tous ces éléments grossissant au fur et à mesure du développement de cette nouvelle industrie, contribuèrent à former la population hétérogène d'aujourd'hui ; l'observateur y rencontre en effet, dégénérés il est vrai, et qui proviennent de familles anciennement établies à Imphy ; des types de races étrangères, du Nord, de l'Alsace et de l'anglo-saxon, voire même quelques Italiens et Espagnols.

Cette petite forge qui devait être l'embryon de la grande usine actuelle se développa assez vite et prit peu à peu de l'importance.

En 1714, la reine de Pologne, dame de Prye, d'Infy, etc., (une compatriote, s'il vous plaît !) à l'occasion d'une visite qu'elle fit à Nevers et dont je cite ci-après le mémoire descriptif, en lui conservant le langage naïf dont nos ancêtres étaient pourvus, visita la forge avant de se rendre à son château de Prye. Mais auparavant, et en quelques mots, je vais indiquer l'histoire de cette reine de Pologne, qui a été élevée sur les bords de l'Ixeure :

Marie Cazimire de Lagrange, dame de Beaumont, de Prye, d'Infy, etc., était fille de Henry de Lagrange, frère d'Antoine du même nom, Marquis d'Arquian, seigneur de Beaumont, de Prye, d'Infy, etc. ; elle était dame d'honneur de Louise-Marie de Gonzague, duchesse de Nevers qui épousa le roi de Pologne Uladislas ; elle suivit la reine et se maria à Jacob Radzevill de Zamoski, palatin de Sadomir ; devint veuve et se remaria le 6 juillet 1665 à Jean Sobieski, grand maréchal et grand général, qui fut élu roi de Pologne, le 20 mai 1674, comme successeur de Uladislas décédé la même année.

Après la mort de ce prince, elle se retira à Rome, vers son père le cardinal d'Arquian, qu'elle avait fait nommer à cette dignité pendant son règne, puis vint en France en 1714, où elle mourut subitement à Blois, le 30 janvier 1716, âgée de 75 ans ; son corps fut transporté à Varsovie, le 28 février 1777, en l'église des Capucins, près du roi son mari.

Voici maintenant le passage de cette souveraine, tel qu'il est mentionné dans les archives de Nevers :

« Le mardi 11 septembre 1714, la reine de Pologne,
« Marie Cazimire de Lagrange, dame de Prye, d'Infy, etc.,
« arriva dans une cabane sur un bateau, par la Loire ; elle

« descendit à Imphy où elle visita la forge et y vit tra-
« vailler ; elle alla ensuite à Prye visiter son château.

« Ensuite Sa Majesté revint dans sa cabane, y coucha
« et passa la nuit en face Saint-Eloi ; le lendemain elle
« arriva à Nevers où elle fut saluée par le canon ; elle
« monta dans le carrosse de la marquise de Béthune qui
« l'attendait.

« Sa Majesté entra par la porte de Nièvre, vers les onze
« heures où les corps de ville l'attendaient en robe rouge
« avec les présents de ville.

« M. de la Giroudière, maire, eut l'honneur de la com-
« plimenter, accompagné de MM. Alixand de Maux et de
« Saint-Vincent, lieutenants du maire ; Sauger, receveur
« de deniers patrimoniaux ; Pinet du Deffend, procureur
« du roi ; Dupont et Callot, secrétaires.

« Les habitants sous les armes, MM. les officiers de
« milice bourgeoise à leur tête avec les tambours, drapeaux
« et fifres.

« Après que le maire eut fait son compliment, sa Majesté
« le remercia avec tout le corps de ville et dit qu'elle
« n'était point dans le dessein de coucher à Nevers, mais
« que pour leur faire plaisir elle y coucherait.

« Après elle fut descendue à l'hôtel des Bordes, où les
« officiers de milice firent la garde.

« Le canon continua à tirer comme il avait fait la veille
« et le matin ; ensuite messieurs du corps de ville furent
« tous dîner au Lion-d'Or, chez Claude Caffari, et le soir
« ils régalèrent tous les officiers de la reine et l'on n'y but
« que du vin fin de Bourgogne, pareil à celui dont on fit
« présent à Sa Majesté.

« L'on passa une partie de la nuit à boire de ce bon
« vin, pendant que les violons, musettes et hautbois
« jouaient.

« Le lendemain jeudi, Sa Majesté Polonaise partit sur
« les neuf heures pour aller dîner au château des Bordes
« et revint le soir coucher dans sa cabane au guichet de
« Loire ; toutes les rues par où elle passait étaient illu-
« minées de flambeaux et chandelles ; l'on continua à
« tirer le canon et le lendemain Sa Majesté continua sa
« route fort contente du zèle de la ville. On lui souhaita
« bon voyage par une volée de canon. »

On a remarqué que la reine de Pologne voyageait en
bateau ; cependant, à l'époque où elle visita Imphy, la

grande route de Nevers à Lyon était construite ; néanmoins elle continuait cette coutume qu'avaient les souverains et grands personnages de se servir des transports
par eau de préférence aux routes, eu égard au plus grand
bien-être et surtout à la sécurité qui était plus grande
que sur les grands chemins.

Tous les souverains qui sont venus en Nivernais ont
employé la Loire pour se transporter, et ils sont nombreux ; ainsi Nevers a été visitée : par Charles VI, le
11 mars 1394 ;

Charles VII, en 1440 ;

Louis XI, le 15 juillet 1476 ;

Anne de Bretagne, femme de Louis XI, en 1501 ;

Louis XII en revenant de Lyon, en 1508 ;

(On fit même nettoyer la rivière depuis Saint-Eloy.)

François Ier, en août 1536 ;

Eléonore d'Autriche, reine de France, femme de François Ier, en 1537 ;

Enfin successivement deux rois d'Angleterre Henri V
et Henri VI, pendant que leurs troupes occupaient Saint-
Pierre-le-Moutier, cette ville qui fut reprise en 1429 par
Jeanne-d'Arc.

Les Anglais ont aussi employé la Loire pour remonter
d'Orléans.

Puisque j'en suis à parler des voies de communication,
je dirai qu'avant 1610, époque où l'on construisit la
grande route de Nevers à Lyon, le chemin adopté pour
se transporter dans cette première ville passait par Chazeau, Sauvigny, Faye etc..., ou par Chevenon.

On retrouve encore, comme des jalons plantés çà et là,
des tronçons de chemins qui indiquent l'ancienne communication de Chevenon à Chazeau. Les terres des deux rives
de la Loire appartenant au même seigneur, on comprend
l'importance des relations qui existaient d'une rive à
l'autre. Chevenon était relié à Nevers par une route de
construction très ancienne qui mettait Decize et Fleury
(ancienne cité fortifiée) ainsi que les nombreaux châteaux
de cette contrée de la Loire en communication avec
Nevers, la cité ducale.

Les habitants d'Imphy, pour se rendre à Nevers, pas-
saient généralement la Loire au bac qui se trouvait à
cette époque en face l'église d'Imphy ; un chemin non
empierré sur les terrains sableux mais propres de la

rive gauche, dont un tronçon bordé de noyers et d'ormeaux existe encore près de la ferme (1) ; les conduisait presqu'en ligne droite à Chevenon, en passant près du château ; de là, ils se rendaient à Nevers. Le bord de la Loire était aussi admis par les piétons pour faire ce voyage.

On allait également du bac d'Imphy à Chazeau par le chemin actuel qui longe le presbytère; on descendait la garenne qui n'était pas défrichée, par le vieux chemin qui borde la route nationale jusqu'au bas de l'Ixeure, que l'on traversait sur un vieux pont dont nous avons vu il y a encore peu de temps les ruines, pour continuer par le chemin que l'on nomme la rue Dorée, mais qui a été agrandi et amélioré. On passait ensuite devant le manoir de Chazeau et l'on continuait par le vieux chemin actuel qui aboutit au champ Boudan (2), pour de là, à travers bois par un chemin qui existe encore, arriver à Sauvigny-les-Chanoines et Faye.

Quand nous considérons l'état de ces vieux chemins, il nous semble qu'ils n'ont jamais dû servir ; c'est une erreur suggérée à notre imagination par le grand confort de nos routes actuelles, car la construction de ces anciennes voies de communication si peu soignée qu'elle ait été, répondait cependant aux besoins de ces

---

(1) Tout près de là, on rencontre la digue insubmersible que l'on croit à tort avoir été construite par les romains pour servir de chaussée. Cette croyance s'établit sur ce que la partie supérieure est revêtue d'un parement de moëllons pour éviter la dégradation par les eaux, ce qui fait ressembler au pavage d'une route.

Cette digue n'a été construite qu'à partir de 1606, presqu'en même temps que la digue Saint-Antoine à Nevers, dont le marché pour la construction a été passé à un nommé Antoine Champion à raison de 6 livres quinze sous la toise de longueur de digue.

Cet Antoine Champion, entrepreneur, doit être le père du fondateur de la forge d'Imphy.

(2) Etant curieux de connaître quelle était l'origine de l'appellation du champ Boudan, je n'ai pas eu la satisfaction dans mes recherches d'en trouver l'explication, mais j'ai été compensé dans mes peines pour le champ de la Demoiselle et le Grand Champ.

La terre de Curty appartenait en 1485 à Jehan du Grand Champ, appelé : Monseigneur le bâtard de Bourgogne, dans la charge militaire qu'il avait à Nevers, (lisez bâtard du duc de Bourgogne, cette qualification ne scandalisait pas à cette époque).

En 1545, vivait également à Curty une demoiselle Grand Champ, et pour distinguer sa propriété de celle de son frère, on disait le Champ *de la Demoiselle* et l'autre le Champ de *Grand Champ.*

temps. Sans doute nos voitures à large voie ne passe-
raient pas aujourd'hui, surtout après le ravinement des
eaux et l'obstruction causée par la végétation des bois
qui en forment les haies, mais les chaises à porteurs, les
rares carrosses seigneuriaux et les chevauchées d'ânes,
mulets et chevaux sanglés de leurs bâts, qui constituaient
alors à peu près les seuls modes de transport, trouvaient
tant bien que mal le moyen de circuler.

Au moment où la reine de Pologne visita l'usine, c'est-
à-dire en 1714, celle-ci avait déjà pris une certaine importance ; on ne dit pas quels étaient les produits de fabrication
de cet établissement, mais le jugement par le Présidial
de Saint-Pierre, d'un crime d'assassinat qui s'est commis
à Imphy en 1699, nous fait connaître qu'on y fabriquait
des ancres pour la marine et la batellerie (1).

Son développement s'opéra surtout au moment où
l'industrie du fer prenait un grand essor à cause des
progrès de toutes sortes qui visaient l'application de ce
métal ; en outre, tout près de là, au sein de l'ancien fief
des Ecots appartenant à la famille Pinet des Ecots, une
industrieuse activité fouillait la terre et y commençait
cette riche exploitation houillère (2) qui a maintenant son
siège à La Machine et qui devait assurer, par suite de la
substitution du charbon de bois à la houille, une nouvelle
prospérité à l'usine et en même temps au pays ; car on

---

(1) Novembre 1699. — Jugement contre François Pinson, valet
du sieur Grand Guillaume, demeurant chez ce dernier, maître de
forge à Imphy : rixe dans laquelle Claude Imbault dit Bercy, faiseur
d'ancres à la dite forge, fut tué d'un coup d'épée ; condamnation
à mort.

Imphy faisait partie du Bourbonnais à cette époque et dépendait
pour la justice du Présidial de Saint-Pierre-le-Moutier.

(2) Les premières mines de charbon ont été découvertes en 1585
dans les bois de Druy ; une exploitation était encore ouverte en
1780 à Trois-Verres.

C'est à cette époque que le seigneur des Ecots découvrit des
mines de houille dans ses terres et obtint pour lui et quelques co-
intéressés la concession d'un privilège exclusif pour l'exploitation
de tout le territoire compris entre les quatre clochers de Beaumont-
sur-Sardolles, Ville-les-Anlezy, Champvert et Sougy

Ce privilège fut vendu en 1782 à Boudard, de Saint-James, tré-
sorier de la marine sous Louis XVI ; revendu après décès à un
sieur Maintier, puis à un sieur Mallevault, puis enfin en 1816 à une
compagnie, laquelle recéda à une autre compagnie en 1838, pour
ensuite passer au Creuzot.

peut dire qu'il a vu, depuis 1666, sa fortune liée à celle de l'établissement métallurgique, et si les temps anciens n'ont rien à nous apprendre de son vieux passé, les temps modernes pourront enregistrer un fait qui deviendra plus tard historique ; en effet, on doit se rappeler que c'est la première usine en France qui appliqua l'importante découverte de l'ingénieur anglais Bessemer (étonnante découverte en ce temps-là), qui consistait à faire passer un courant d'air puissant dans la fonte en fusion, afin d'en chasser, en les brûlant, les matières étrangères (silicium, carbone, phosphore, etc.), pour permettre après, à l'aide de la fonte blanche ; de doser le métal en fusion de la quantité utile de carbone et permettre, par ce moyen si simple, d'obtenir l'acier par grandes masses.

Cette simple idée, mais d'une fécondité formidable, a suffi par révolutionner la métallurgie moderne et c'est Imphy qui eut l'honneur de la première application.

Voici donc en quelques traits l'historique de ce petit centre industriel qui débuta bien modeste et qui compte aujourd'hui 2.400 habitants.

Sa population, comme je le disais précédemment, est composée d'éléments divers ; elle est douce et tranquille, et ce qui la caractérise, c'est l'accueil sympathique qu'elle sait faire aux étrangers. Cette courtoisie native qui procède d'une qualité si française, a été bien souvent remarquée.

Elle est aussi laborieuse et économe avec des prétentions modestes dans le prix de ses gains ou de ses salaires, car j'ai maintes fois observé que malgré l'effervescence qui s'était produite un peu partout il y a quelques années, les prix rémunérateurs du travail n'ont jamais dépassé la moyenne des temps ordinaires.

On dit que les foules possèdent une âme qui les rend sensitives. Cette croyance trouverait en quelque sorte sa justification dans les manifestations de solidarité qui se dégagent de toute cette population, quand un incident heureux ou malheureux vient en marquer le courant de la vie.

Mais cette homogénéité de sentiments ne se produit plus quand il s'agit de ses mœurs politiques, car elles sont cultivées là avec le même progrès et le même acharnement que partout, et sous ce rapport, la commune d'Imphy n'aura jamais à envier les autres populations ;

elle a ses chefs et ses partisans politiques de toutes les nuances, tous animés, bien entendu, de bonnes intentions, mais qui varient dans le goût de servir et d'administrer ; de sorte que les électeurs sont souvent embarrassés pour le choix qu'ils doivent faire, tant les promesses sont alléchantes de part et d'autres.

Ainsi que dans les centres intellectuels, les esprits blasés par la profusion de la prose électorale restent indifférents à ses appels, mais nous avons vu à Imphy que la satyre lyrique exerce une influence enthousiaste et qu'elle parvient à réunir en un faisceau les bulletins vengeurs, ou réparateurs, pour les conduire aux urnes.

Après tout, rien d'étonnant à cela puisqu'en France tout finit par des chansons.

Mais néanmoins c'est la modération qui paraît dominer les esprits, si on en juge par les résultats acquis jusqu'alors.

Je ne veux pas en conclure, par là, que les caprices du suffrage universel ne se donnent pas libre carrière ; au contraire, car il arrive de temps à autre qu'il change son administration municipale ; soit qu'il la trouve trop modérée ou trop avancée, et je crois même que sous ce rapport, si la loi l'y autorisait, bien souvent, pour une simple mesure de voirie, il divorcerait après quelques mois de bonne entente.

CHAPITRE VI.

Chronologie des Seigneurs ou Propriétaires du fonds des usages d'Imphy.

Après la courte description du pays d'Imphy à travers les âges, il me semble que mes lecteurs trouveront intéressant que je leur retrace ici la généalogie des anciens seigneurs qui ont tenu, soit à titre de vassaux, soit à titre de seigneurs ou propriétaires de fiefs, les terres dans lesquelles sont englobés les usages d'Imphy.

La Terre de Chazeau (Chezeau, comme on l'appelait) est celle dont on possède les renseignements les plus anciens.

Cette terre était possédée, en 1310, par les seigneurs

Guiot et Hérard, de Saint-Verain, en Nivernais; elle fut acquise par Hué d'Amboise qui la garda jusqu'en 1390.

En 1390, Jean de Chevenon fit hommage à Hué d'Amboise et lui acheta sa terre de Chezeau dont il paya le 5e denier le 28 novembre 1391. La charte ne dit pas combien il paya cette terre ni quelle était sa contenance.

Jean de Chenevon était écuyer-valet-tranchant du roi Charles VI, seigneur de Chevenon, de Chezeau, Pavy, Sermoise, Puly et Nigenne, huissier d'arme.

Il fut rétabli et confirmé capitaine des châteaux et tours du bois de Vincennes, en remplacement de son frère Huguenin de Chevenon, par lettre du roi du 3 novembre 1314.

Il toucha pour terme de sa pension 166 livres 13 sols 6 deniers, en 1401, 1402 et 1404; plus tard on le trouve qualifié écuyer d'écurie du roi, en 1410; il servait avec 4 écuyers sous le comte de Nevers, dont il est qualifié nouvellement du titre de conseiller et députe avec la duchesse de Bourbonnais pour pacifier les troubles en 1414.

Il mourut en 1418, le 27 août, ayant eu un fils seulement pendant son mariage avec sa femme Digoine.

Son fils fut Guillaume de Chevenon, seigneur de Chevenon, d'Infy, de Chezeau, de Pavy, etc., qui se maria avec Héliette Girard; il fut tué à la bataille d'Azincourt, en 1415, ne laissant pas d'enfants.

Ce fut Bernard de Chevenon, frère de Jean du même nom, qui hérita en août 1418; cet héritage lui fut contesté par la veuve de son neveu, Héliette Girard, qui engagea un grand procès contre lui.

Le procès ayant été résolu en faveur de dame Héliette Girard, ce fut elle qui conserva les terres de Chevenon, Imphy, Chazeau, etc.

Bernard de Chevenon était évêque et comte de Beauvais, puis pair de France; il fut évêque de Saintes pendant plusieurs années.

On a de lui une quittance datée du 1er novembre 1391 et scellée de ses armes, pour deux cents francs en or qu'il eut en don de Charles VI.

Il fit un testament le 6 février 1419, ordonnant que s'il mourrait à Paris, il serait enterré dans le chœur de l'église de Beauvais; mais que s'il mourrait dans le diocèse de Nevers, on l'y enterrerait devant le grand hôtel de la cathédrale.

Il parle dans son testament de la terre de Chevenon, que sa nièce Héliette Girard lui contestait ; il laisse aux ermites de Saint-Augustin de Paris, où Hugues son frère avait été enterré, cent francs pour dire une messe chaque semaine et il institue pour héritiers universels, ses chères nièces Marie et Guillemette de Maintenon.

Nous avons vu que ce fut Héliette Girard qui conserva les terres provenant de Jean de Chevenon ; elle fit une fondation dans l'église de Chevenon à la collation des seigneurs du lieu le 25 mai 1452.

La suzeraineté de la terre de Chazeau appartenant au comte de Nevers, Héliette Girard en était sa vassale ; elle fit hommage au comte pour cette terre en 1461.

Cette dame étant devenue très âgée, elle fit un testament le jour de saint Pierre et saint Paul ; elle y dit que son mari est enterré à Cordes en Poitou, mais elle veut l'être à Chevenon.

LA TERRE DE PRYE

La terre de Prye était tenue en 1252 par Guillaume de Mello, seigneur d'Espoisse et de Givry, marié à Agnès de Saint-Verain, laquelle dame se remaria à Jean de Froloy et fit partage au mois de juin 1298 avec les enfants de son premier mari, Guillaume de Mello, des terres qu'il avait eues en 1252 après la mort de son père Dreux de Mello, seigneur de Brichard ; ce seigneur fit le voyage de la Terre Sainte avec Saint-Louis en 1248.

En 1330 elle était possédée par Jean de Buzençais ; les archives de Nevers nous apprennent qu'après un partage fait par les héritiers de Jean d'Aglan, Béatrix d'Aglan fit hommage pour la part qui lui revenait à Jean de Buzençais, seigneur de Prye-sur-Ixeure.

L'acquisition des terres de Prye fut faite plus tard par la famille seigneuriale de la Platière ; elle dépendait aussi de la châtellenie de Nevers ; elle ne sortit de cette famille que quelques années avant la Révolution.

Imbert de la Platière, seigneur des Bordes, en Nivernais, acquit la terre de Prye le 25 mars 1471 ; sa femme fut Marguerite du Bos. Ils eurent pour enfant Philibert de la Platière, chevalier seigneur des Bordes, conseiller et chambellan du roi et du duc de Bourbon, auprès duquel il s'attacha et de qui il reçut de grands biens.

Le prince de Bourbon le commit par lettre datée d'Amboise le 20 juin 1488 pour faire la visite de ses terres et seigneuries et s'entretenir de toutes les affaires ; par une autre lettre de l'année suivante en date du 3 février, il l'institua bailly, gouverneur, capitaine et châtelain de Château-Chinon ; il assista au contrat de mariage le 20 juin 1489 de Jeanne de Bourbon-Duisant avec François Rolin, seigneur de Beauchamp.

Il prit pour épouse, le 20 décembre 1463, Marie de Fontenay, nièce de l'évêque de Nevers et fille de Guy, baron de Fontenay.

Ils eurent quatre enfants :

1° Philibert de la Platière II, qui fut institué bailly et capitaine de Mante le 30 septembre 1494 ;

2° Guillaume de la Platière, baron de Prye-sur-l'Ixeure, seigneur de la Platière et du Coudray ; il épousa le 25 octobre 1511 Marie de Châteauvieux.

La duchesse d'Angoulême, mère de François Ier, racheta de lui, en 1527, l'hôtel dit de Valois ou de Bourbon, faubourg Saint-Jacques, à Paris.

Cet hôtel avait été donné le 4 juin 1500 par le duc de Bourbon à Imbert de la Platière, son frère, évêque de Nevers, et à Philibert de la Platière, son père.

Il est enterré avec sa femme sous une sépulture en relief qui est dans l'église de Prye.

3° Philippe de la Platière, seigneur des Bordes et de Chevenon, est qualifié conseiller et maître d'hôtel du roi et capitaine de Niort (où il avait été institué le 25 juin 1520).

Dans une quittance qu'il donna le 3 février 1521, pour ses gages de 100 livres d'une année, elle est signée Ph. de la Platière.

Il épousa Catherine de Châteauvieux, sœur de la femme de son frère, avec laquelle il fut enterré à Chevenon après avoir fait son testament le 31 décembre 1522.

4° Imbert de la Platière, qui fut prieur de Saint Éloy, de Paris, conseiller au parlement de Paris, doyen, puis évêque de Nevers.

Philibert de la Platière II, que nous venons de voir, eut pour épouse Anne de Jaucourt ; ils eurent quatre enfants :

1° François de la Platière ;

2° Imbert de la Platière ;

3° Renée de la Platière ;

4° Guillemette de la Platière.

Imbert de la Platière, seigneur de Fresnoy, de Montigny,

de Saint-Aubin, de Saint-Sulpice et d'Espoisse, fut maréchal de France ; il est pourvu le 27 avril 1545 de la charge de bailli d'Auxois, en considération de ses services et sur la recommandation de l'amiral de Châtillon ; il fut aussi premier écuyer du Dauphin, lieutenant de la compagnie du duc de Nevers et capitaine de 50 hommes d'armes des ordonnances.

Il servit dignement pendant les guerres des rois François Ier et Henri II, et fut employé aux affaires les plus importantes de France.

Il fut créé maréchal de camp en 1552 et envoyé en 1554 avec sa compagnie d'ordonnance pour chasser les ennemis des environs de Mézières ; combattit à la bataille de Saint-Quentin en 1557, sauva le tiers de l'armée après la défaite, assista à l'assemblée des Etats-Généraux du royaume tenue à Paris le 6 janvier 1558, servit au siège et à la prise de Thionville et fut dépêché par le roi à la diète d'Augsbourg.

En 1559 il fut établi lieutenant-général au-delà les monts, à la place du maréchal de Brissac, et lorsqu'il fut question de rendre au duc de Savoie les places de Turin, de Quiers, de Chivas et de Villeneuve d'Art, il fit ses remontrances au roi le 15 septembre 1562 pour en retarder la restitution ; mais il fut obligé d'obéir, et étant revenu en France il fut honoré, le 22 décembre 1562, de la dignité de maréchal de France que le roi créa en sa faveur.

Il servit à la prise du Hâvre en 1563, fut envoyé en Guyenne en 1564 pour apaiser quelques troubles, se trouva à Bayonne à l'entrevue de leurs majestés avec Elisabeth de France, reine d'Espagne. Il mourut à Fontainebleau le 4 avril 1567.

Il eut pour épouse :

1° Par contrat des 13 et 14 septembre 1546, Claude Damas, dame de Ragny, veuve de Girard de la Magdeleine, bailly d'Auxois ; elle apporta à son mari la terre de Sougy et mourut sans enfants en 1558, pendant que son mari était en Allemagne pour les affaires du roi.

2° Par contrat du 15 avril 1561, il épousa en deuxième noce Françoise de Birague, fille unique de François de Birague, chancelier de France.

La terre de Chevenon est passée aux de la Platière, par le mariage de Imbert de la Platière, avec dame de Ragny, veuve Girard, qui avait hérité en suite de successions de Héliette Girard, dame de Chevenon.

François de la Platière, seigneur des Bordes, baron d'Espoisse, est qualifié gentilhomme de la Chambre du duc d'Orléans et fut tué devant la ville de Châlons-sur-Marne, étant au service du roi le 1er septembre 1544, suivant la tombe qui est sur sa sépulture au milieu du chœur de l'église collégiale de N.-D. de cette ville.

Sa femme fut Catherine Motier de la Fayette.

Ils eurent deux enfants :

1° René de la Platière, seigneur des Bordes, guidon de la compagnie des 50 lances du maréchal de Bourdillon son oncle ; il mourut jeune à la bataille de Dreux.

2° Françoise de la Platière, dame des Bordes, baronne d'Espoisse, de Frémie, de Prie et de Marrault.

Elle fut héritière universelle du maréchal Imbert de la Platière, dit Bourdillon, son oncle.

Elle fut mariée en 1569 à Henri de l'Hopital, vicomte de Vaux, mais elle s'en sépara.

Ce fut une sentence de l'official de Sens, le 21 novembre 1573, qui prononça la séparation ; elle se remaria le 27 décembre suivant, c'est-à-dire un mois après, à Louis d'Ancienville, seigneur de Villers-aux-Corneilles, baron de Réveillon, vicomte de Soully, chevalier de l'Ordre du roi, etc., avec lequel elle soutint un grand procès contre le seigneur de la Magdeleine-Ragny, qui voulait revenir contre les transactions passées entre ses tuteurs et le maréchal de Bourdillon, son oncle.

Elle eut de ce second mariage 1° Anne d'Ancienville, dame de Prie, qui épousa Antoine de La Grange, seigneur d'Arquian, fils de Charles de La Grange, seigneur de Montigny.

Seigneurs et Marquis d'Arquian

Antoine de La Grange, chevalier, second fils de Charles de La Grange, seigneur de Montigny, et de Louise de Rochechouart sa première femme, fut seigneur d'Arquian, de Prie et d'Infy.

Gentilhomme ordinaire de la Chambre du roi, capitaine de 50 hommes d'armes, lieutenant au Gouvernement de la ville et citadelle de Metz et gouverneur de Calais, de Sancerre et de Gien, etc.

Il servit fidèlement Henri III pendant les guerres de la Ligue et conserva la ville de Sancerre au service du roi ;

fut choisi en 1603 pour commander dans la citadelle de Metz et s'opposer aux entreprises du duc d'Espernon ; il mourut le 9 mai 1626.

Il eut 3 femmes :

1° Marie de Cambray, dame de Soulangis ;

2° Louise de La Châtre ;

3° Anne d'Ancienville, dame de Prie-sur-Ixeure, fille de Louis d'Ancienville, baron de Reveillac, et de Françoise de La Platière, dame des Bordes ; elle mourut le dernier août 1660.

(C'est cette dame qui fit avec son mari, en 1619, la transaction avec les dix usagers d'Imphy.)

Henry de Lagrange, frère d'Antoine, dont la description est ci-dessus, marquis d'Arquian, seigneur de Beaumont, de Prie, d'Infy, et Chevalier des Ordres du roi, né à Calais, le 8 septembre 1613, maître de camp au régiment de cavalerie du duc d'Orléans, etc., fut fait Chevalier des Ordres du roi et en reçut le collier dans l'église de Lolkien, des mains du roi de Pologne, le 13 avril 1694, en présence de l'ambassadeur de France et des principaux seigneurs polonais.

Marie-Cazimire de Lagrange, reine de Pologne, dame de Beaumont, de Prie, d'Infy, etc., sa fille, lui procura le chapeau de cardinal, qu'il reçut le 12 novembre 1695 ; il mourut à Rome, le 24 mai 1707, âgé de 96 ans 11 mois. Avant d'être reine, Marie-Cazimire avait été mariée à Jacob Radzewil de Zamoski.

Anne d'Ancienville, dame de Prie, que nous avons vu mariée à Antoine de Lagrange, eut pour enfants :

1° Achille de Lagrange, comte de Maligny, marquis d'Espoisse, né en 1611, qui eut pour femme Germaine-Louise d'Ancienville, dame des Bordes, sa cousine germaine.

Ce mariage donna pour enfants :

1° Louis de Lagrange, page de la chambre du roi en 1664 ;

2° Louise de Lagrange, marquise d'Espoisse, mariée le 21 mai 1661 à Guillaume de Peichpeyrou de Cominges, comte de Guitaut, gouverneur de Châtillon-sur-Seine ; elle mourut sans enfants ;

3° Françoise de Lagrange, religieuse.

De la maison de Lagrange, la seigneurie d'Espoisse

a passé aux Peichpeyrou de Cominges, comte de Guitaut, marié en 1625 à Jeanne d'Eyqua.

Ils furent quatre enfants, dont Guillaume de Peichpeyrou de Cominges, comte de Guitaut, capitaine-lieutenant de la compagnie des chevaux-légers et chambellan du prince de Condé, fait Chevalier des Ordres du roi le 31 décembre 1661, lequel a laissé des enfants de ses deux mariages avec Madeleine de Lagrange, marquise d'Espoisse, et Elisabeth-Antoinette de Verthanon.

La terre de Prye est restée en la possession de la famille de Lagrange jusqu'à la mort de la reine de Pologne, en 1716, à qui elle appartenait ; c'est alors qu'elle passa à la maison de Peichpeyrou, pour y rester jusque vers la moitié du xviiie siècle et être acquise quelque temps avant la Révolution par la maison du Bourg, marquis de Bozas.

Je ne crois pas être désagréable à cette noble famille en exposant ici son histoire généalogique :

L'ancienne maison du Bourg composa deux branches sorties d'une même souche et subdivisées en différentes autres branches ; celle qu'on regarde comme l'aînée est établie dans le Rouannais et le Vivarais. La seconde, qui comprend les branches de Saillans, de Seilloux et de la Pérouze, est répandue en Bourgogne, en Champagne et en Languedoc ; toutes paraissent avoir pour auteur Beaudoin du Bourg, chevalier, seigneur du Bourg en Vivarais, qui vivait en 1276.

Cette ancienne maison a donné un chancelier de France, et un évêque de Rieux.

Jean du Bourg, seigneur du Bourg en 1425, a eu de Guy de Lombard'e, sa femme, Emmanuel, qui a fait la branche des marquis de Bozas établie en Vivarais.

La branche des marquis de Bozas subsiste par Juste-Henri du Bourg, seigneur de Saint-Polque, chevalier, marquis du Bourg, marié le 28 novembre 1736 à Henriette-Françoise de La-Roche-Aimon, dont il a eu Emmanuel-Gaspard, Juste-Henri et Etiennette.

On trouve dans les archives de Nevers un testament à la date de 1694, de haut et puissant seigneur Emmanuel du Bourg, marquis de Bozas, par lequel il demande à être enseveli sans pompe dans l'église des Capucins de Montpellier.

Institue son héritière universelle Marianne de Ginestoux, son épouse, à la charge de rendre son entière hérédité à son fils aîné Emmanuel du Bourg, lorsqu'il aura atteint l'âge de 25 ans, et plus tôt s'il se marie.

CHAPITRE VII.

Fers et Forêts.

Nous allons examiner dans ce chapitre quelle a été l'influence du fer, ainsi que son rôle dans l'économie politique des pays forestiers.

Lorsqu'on suit en observateur l'histoire générale d'un pays, on s'aperçoit que les progrès de sa science et de sa civilisation ont presque marché de pair avec le développement et la production du fer ; que celui-ci y a joué un rôle économique et politique des plus importants, parmi les faits ou les évènements qui sont survenus dans le cours de l'existence de ce pays.

Pendant longtemps, son action a été considérable sur la propriété forestière ; le fer lui a fait tantôt acquérir une prospérité sans égale, de telle sorte, qu'à un moment, on a pu craindre un anéantissement complet des forêts par son absorbante consommation ; puis ensuite, comme pris de regrets d'avoir eu trop longtemps à solliciter le concours du bois, le fer a commencé en s'aidant des progrès de la science à se passer d'abord de cet élément nécessaire pour sa production, et ensuite, à le supplanter par ses applications en tant que matière manufacturée, dans toutes les industries où le bois régnait en maître.

Nous ne pouvons nous faire une idée de la quantité de bois qu'il faudrait employer de nos jours pour produire les masses considérables de fonte, de fer et d'acier que nos besoins réclament, et, il y a longtemps que toutes nos forêts seraient épuisées, si nous n'avions trouvé les mines de houille, que l'on peut appeler sans métaphore des *forêts souterraines*. Ces dépôts naturels de combustibles, qui constituent le terrain houiller, proviennent en effet, d'après nos géologues et nos minéralogistes, de l'accumulation pendant des siècles, des débris végétaux des immenses forêts ayant eu une végétation d'une intensité telle, que de nos jours, nous ne pouvons nous en faire aucune idée ; ainsi les fougères actuelles de nos forêts croissent entre 0^m50 et 1 mètre de hauteur, tandis que les traces de celles que l'on rencontre incrustées dans les roches carbonifères ont jusqu'à 13 mètres.

Tous les végétaux d'ailleurs de ces temps et dont on peut encore observer les empreintes, ont des dimensions considérables; nous pouvons apprécier par conséquent, la colossale accumulation de bois que cette végétation intensive avait créée dans l'époque qui suivit la période des terrains primitifs ou azoïques.

Je ne saurais d'ailleurs mieux faire que de donner le résumé de M. Frémy, sur les formations carbonifères.

« Les végétaux se sont d'abord changés en tourbe par « la fermentation tourbeuse qui a détruit l'organisation « végétale ; une action ultérieure déterminée par la cha- « leur et la pression, a changé cette tourbe en houille. »

Ce combustible nouveau qui remplace aujourd'hui entièrement le bois, pour la production du fer, ne s'employa cependant que très longtemps après sa découverte dans le sein de la terre ; cet inemploi ou ce rejet était dû à deux causes principales dont nous allons nous occuper successivement. La première tenait du domaine technique et la seconde était un élément de discorde politique qui mettait en présence d'un côté les consommateurs de fers, le pays entier, en un mot, contre les maîtres de forges alliés aux grands propriétaires forestiers.

L'industrie du fer qui de nos jours ne se comprend pas loin des terrains miniers, resta jusque vers le milieu de ce siècle toujours concentrée dans les pays forestiers, et ceux-ci ne se virent abandonnés qu'au fur et à mesure des progrès que le nouveau combustible provoquait chaque jour dans l'industrie métallurgique.

De l'origine de la découverte du fer jusqu'au commencement du XIXe siècle, ce fut le bois qui assura la production du fer.

Dans les âges reculés, les besoins de ce métal n'étant pas très nombreux, les barbares, pour l'obtenir, se contentaient tout bonnement de disposer alternativement, sans construction préalable, une couche de minerai riche sur une couche de bois à la façon dont on cuit les briques dans certains pays du Nord.

On retrouve encore dans certaines forêts l'emplacement de ces fourneaux primitifs ; j'ai eu l'occasion plusieurs fois de le constater, notamment encore il y a deux ans, pendant la construction du chemin de fer de Nontron à Sarlat, où nous en avons rencontré à Eyrissou, près Saint-Génies (Dordogne), dans la traversée d'un bois, dont le sol était recouvert de mine . Les scories indicatrices, qui provenaient de la cuisson, étaient chargées de fer qui n'avait pu, faute d'une température assez élevée, se séparer de la gangue.

Plus tard et jusqu'au xvi° siècle, les procédés de fabrication ne changèrent guère ; on n'employait que les minerais les plus riches et de la meilleure qualité et on n'en extrayait le fer qu'après une seule opération, en brûlant dans un fourneau à l'aide d'un courant d'air factice, du charbon de bois mélangé à la matière minérale : c'était la *méthode catalane*.

Après le xvi° siècle, on transforma le minerai en fonte et par le moyen de l'affinage, on obtenait le fer et l'acier ; cette opération qui ne pouvait se passer du charbon de bois consistait à enlever à la fonte toutes ses matières étrangères ou ses *métalloïdes* comme on les désigne en chimie : tels que carbone, silicium, phosphore, etc. , pour obtenir du fer ductible et malléable : c'était alors le *procédé comtois*.

L'installation n'était pas très dispendieuse ; elle consistait simplement en une forge ordinaire, dont une turbine assurait la soufflerie au lieu de l'être par le soufflet du forgeron.

Mais les Anglais, au commencement de notre siècle, avaient trouvé une méthode d'affinage à la houille ; ce procédé opéra immédiatement une révolution importante chez eux dans la fabrication du fer.

La plupart des usines anglaises qui produisaient le fer au bois avaient remplacé ce combustible par la houille ; la valeur de celle-ci n'allant pas au dixième de celle du bois, ce changement leur avait permis d'abaisser considérablement les prix de leurs fers.

En 1803 le prix du fer en Angleterre était de 44 fr. 50 les 100 kil., en 1814 il se maintenait encore à 35 fr., tandis qu'en 1820 il tomba à 13 fr. ; la production annuelle du fer qui était de 125.000 tonnes. de 1796 à 1820, fut élevée à partir de cette date à 400.000 tonnes, tandis qu'en 1819 nous ne produisions en France encore que 69.000 tonnes par année.

C'est à partir de cette époque que ce métal entre comme un élément très important de la politique en France ;

la production des Anglais devenant considérable, ceux-ci cherchèrent un débouché dans notre pays pour le surplus de leur production sur la consommation et produisirent sur les marchés français des produits métallurgiques dans des conditions économiques telles, qu'il était impossible à nos industries nationales de lutter ; les propriétaires de celles-ci, en vertu de cette routine inféodée à notre race, n'avaient pas cru devoir suivre les progrès que faisaient nos voisins, et pour combattre l'influence des produits étrangers, ne trouvèrent rien de mieux que de porter leurs doléances sur le champ politique, en demandant au Gouvernement une protection sérieuse et efficace.

Les partisans de cette protection à outrance étaient puissants et nombreux ; ils comprenaient tous les maîtres de forges et les gros propriétaires forestiers qui trouvaient un excellent débouché pour leurs bois.

Les circonstances politiques favorisaient alors singulièrement les prétentions exclusives et égoïstes des grands industriels : la haine de l'Anglais était soigneusement cultivée ; d'un autre côté la branche aînée des Bourbons replacée sur le trône par l'Europe coalisée après l'epopée napoléonienne, devait redouter par dessus tout qu'on ne l'accusât de sacrifier les intérêts de la France à ceux de l'étranger dont elle avait reçu l'appui.

Or, si en 1814, le Gouvernement de la Restauration avait consenti à laisser notre marché accessible aux produits du dehors, les grands propriétaires et les grands industriels n'auraient pas manqué de leur faire un crime de son libéralisme économique ; ils l'auraient accusé de solder aux dépens de notre agriculture et de notre industrie, la dette contractée envers l'empereur Alexandre et le prince régent d'Angleterre, par les Bourbons exilés.

Les mêmes causes produisent toujours les mêmes arguments oratoires dans les Parlements, lorsqu'il s'agit d'arracher des poches du contribuable l'argent qu'on veut faire passer dans celles de quelques-uns seulement. En effet, qu'il s'agisse de M. de Saint-Cricq, défendant la protection des fers sous Charles X, ou de M. Méline soutenant sous la troisième République le droit d'entrée sur les blés étrangers, ou encore des primes d'exportation sur les sucres, défendues par M. Siegfried, on entend toujours les mêmes lamentations ; elles tendent toutes à démontrer que la France et le Gouverne-

ment seraient perdus si on ne leur accordait le privilège
qu'ils demandent.

Le Gouvernement aurait pu, à la vérité, en appeler de
cette petite classe puissante de gens affamés de monopoles
à la grande classe des consommateurs ; mais il eut été
probablement fort difficile, pour ne pas dire impossible, de
faire comprendre à cette masse encore si peu éclairée, que
l'aisance dont elle aurait joui, grâce à la liberté des échanges, avait effectivement pour cause cette liberté même.

Le peuple qui n'aimait guère le Gouvernement nouveau,
aurait répété après les grands propriétaires et les grands
industriels que le Gouvernement vendait à beaux deniers
la France à l'Europe ; c'eut été un tolle général contre la
monarchie restaurée.

Enfin, après divers tarifs d'entrée se succédant avec
des plus values, et après des périodes de 2 à 3 années
seulement, le Parlement vota le 6 juillet 1822, le projet de
la loi qui porta au plus haut les droits sur les fers étrangers.

Ils étaient divisés en trois classes, dont chacune d'elle
avait un prix respectif :

La première payait 25 francs, par 100 kilog.
La seconde   id.   35 francs,   id.
La troisième id.   50 francs,   id.

Cette loi de tarifs assurait aux maîtres de forges, ainsi
qu'aux propriétaires forestiers, pour la vente de leurs bois,
un privilège de cinquante millions de francs par année.

Voici d'ailleurs d'après une statistique publiée par le
Ministère du Commerce en 1828, le prix des fers en France
et en Angleterre, dans une période décennale.

ANNÉES.	FER ANGLAIS par 100 kil.		FER FRANÇAIS au bois, par 100 kil.		FER FRANÇAIS à la houille.	
1816	13	FR.	50	FR.	»	FR.
1817	13	»	53	»	»	»
1818	14	»	60	50	»	»
1819	13	»	63	»	»	»
1820	12	50	62	50	»	»
1821	12	50	57	»	»	»
1822	12	50	56	»	50	»
1823	12	»	58	»	53	»
1824	18	»	58	»	49	»
1825	25	»	62	50	54	50
1826	16	»	67	50	49	50
1827	12	50	62	»	45	»

C'est vers 1822 seulement que l'on commença en France, (1) l'affinage du fer à la houille par le système anglais (le puddlage).

L'affinage à la houille, dans les conditions que j'ai décrites pour le charbon de bois a pour inconvénient d'ajouter du soufre au fer, ce qui le rend cassant ; mais le puddlage anglais évitait cet ennui en affinant à la flamme.

Il est indiscutable que ce procédé, une fois implanté en France, donna un coup terrible aux charbons de bois ; il se propagea vivement dès que quelques maîtres de forges l'eurent avisé, et il eut pour résultat, d'abord d'amener quantité d'ouvriers anglais habitués à ce genre de travail.

Sa propagation fit d'autant plus de progrès que non seulement la houille ne coûtait pas la dixième partie du bois, mais le rendement du procédé comtois ne fournissait que 72 à 75 kilogs de fer sur 100 kilogs de fonte, tandis que le puddlage donnait 83 kilogs de fer et d'un prix de revient bien inférieur.

A partir de ce moment, l'avenir appartenait aux pays houillers ; en effet, ceux-ci se peuplèrent partout d'usines au grand détriment des pays forestiers.

Les prix du fer baissèrent dans des proportions considérables, mais le mal était fait ; on avait non seulement fait payer à la France, pendant une vingtaine d'années, quelque chose comme 1200 millions pour le grand bénéfice des propriétaires forestiers et l'incurie des maîtres de forges ; mais encore on avait arrêté toutes sortes de progrès par l'application du fer à toutes les industries, et l'on sait si elles sont nombreuses.

Seuls les propriétaires de forêts ont réellement gagné à la protection accordée au fer ; depuis 1815, environ, ceux-ci ont fourni annuellement aux maîtres de forges 6 millions de quintaux métriques de charbon de bois d'une valeur moyenne de 40 millions de francs.

Mais le bénéfice exorbitant qu'ils ont réalisé sur cette masse de combustible végétal peut-il avoir sa place dans le compte annuel des bénéfices de la nation ? N'est-il pas permis de croire, au contraire, que le pays en a reçu un

---

(1) C'est en 1818, que l'on commença à bâtir à Imphy, les premiers fours à puddler.

dommage immense et qui aurait été irréparable si le nouveau combustible, la houille, ne s'était interposé malgré les intérêts opposés de ces propriétaires.

Car, que serait-il arrivé? On ne produit pas du bois à volonté; aucune production n'est à la fois plus lente et plus limitée; or, quand une industrie qui se sert du bois comme d'une matière première, vient à subir une surexcitation factice; quand amorcée par une prime douanière elle augmente extraordinairement sa demande de combustible végétal, il arrive que les propriétaires de forêts ne savent point résister à l'appât d'une participation aux bénéfices de la prime, et ils abattent en quinze ou vingt ans le bois destiné à la consommation d'un siècle. C'est alors le gaspillage d'un des éléments économique et physique du pays, au détriment de tous pour le plaisir de quelques-uns.

Malgré tout la science a forcé les appétits égoïstes, et le fer au bois a dû succomber sous les efforts du fer à la houille.

A partir de 1822 la production du fer en France s'éleva rapidement; ainsi, en 1827, elle était déjà de 154.000 tonnes; elle progressa annuellement sans s'arrêter, et en 1844 on constatait 315.000 tonnes.

Cependant, malgré cet accroissement rapide, les besoins de la consommation n'étaient pas en ore servis entièrement, si on en juge par une déclaration qu'un député fit en 1836, sous le cabinet de M. Thiers, à propos d'une discussion à la Chambre d'un projet de loi tendant au dégrèvement de l'entrée des fers. On lit, en effet, dans les débats politiques que M. Bignon déclarait que la Compagnie de Saint-Germain ayant eu besoin de 2.000 tonnes de rails pour construire cinq lieues de chemin de fer, les avait successivement demandées à douze maîtres de forges; aucun ne voulut s'engager à les lui fournir; elle fut en définitive obligée de s'adresser en Angleterre.

Néanmoins, malgré cette évolution du fer au bois pour celui à la houille, on ne put encore de sitôt se passer entièrement du bois pour la production de certaines qualités destinées à des industries spéciales, car d'après des ingénieurs métallurgistes, il paraît que les cendres des combustibles fossiles ne contiennent pas les sels alcalins (potassium et sodium) que possède le bois et qui assurent la qualité du fer.

Malgré même les découvertes de la chimie industrielle qui est arrivée pour ainsi dire à domestiquer la structure de ce métal en lui ajoutant ou en lui retirant certaines matières qui font varier à discrétion ses propriétés d'énergie. (J'emploie cette expression : domestiquer, pour faire allusion aux produits variés que l'on peut obtenir : ainsi aujourd'hui on peut commander à certaines usines du fer ou de l'acier résistant à une force de traction ou de compression donnée de tant de kilogrammes par centimètre carré de section).

Comme je l'ai dit ci-dessus, il faut encore à certaines industries pour leur préparer *l'acier naturel* qu'elles ont besoin, employer les fontes manganésifères qui ne s'obtiennent qu'au charbon de bois.

Il en est de même pour les aciers de cémentation qui ne se produisent qu'avec du charbon de bois pulvérisé, cendres et sel marin.

Néanmoins, tous ces produits encore tributaires du bois, tendent à disparaître et n'occupent pour leur industrie d'ailleurs, que quelques contrées spéciales ; ils sont chassés chaque jour par les aciers Bessemer, aciers fondus ou aciers nickel des fours Siemens-Martin, qui peuvent produire économiquement des masses de 7 à 8,000 kil. et dans des conditions qui peuvent donner satisfaction aux différents besoins des industries si variées qui emploient le fer ou l'acier.

Il n'est pas dit que nous ayons vu les derniers perfectionnements dans l'art de produire les métaux employés pour tous nos besoins, au contraire, car l'électricité nous réserve bien des surprises et je ne serais pas étonné que l'on vît à Imphy, dans trente ou quarante ans, l'emplacement des fours Siemens actuels, occupés par les fours électriques qui nous montreront, ceux-là, des produits que notre imagination ne peut supposer ; ils feront peut-être sortir des argiles du pays ou des sables de la Loire, l'aluminium qu'ils contiennent, ce métal de l'avenir qui, par sa légèreté spécifique, prendra partout la place du fer et de l'acier, quand la propriété de dureté de ceux-ci ne sera pas réclamée.

Par tout ce qui précède, nous voyons que le fer s'est affranchi presqu'entièrement du bois ; cet affranchissement allait causer un véritable krach de la propriété forestière, quand soudain, au milieu de ce siècle, surgit une industrie qui devait révolutionner le monde et donner un aliment nouveau à la consommation du bois : je veux parler des chemins de fer, cet auxiliaire si précieux pour la consommation des bois et surtout pour leur expansion.

Seulement cette science, qui bouleverse tout au fur et à mesure de ses progrès, ne devait pas s'arrêter et ses effets bienfaisants pour l'humanité devaient encore être nuisibles à la prospérité des forêts.

La hâche qui abattait avec ardeur et sans merci les chênes séculaires pour les transformer en matériaux de construction de navires ou de chemins de fer, sous forme de pilotis, traverses de voie, charpentes de toutes sortes, etc., etc., vit son œuvre arrêtée pour plusieurs raisons.

Le bois n'a pas, comme le fer, une durée indéfinie, et cette cause fit que pendant un certain temps les bois employés pour la voie des chemins de fer devaient être renouvelés assez souvent à cause de leur enfouissement qui les vouait à une prompte pourriture.

Les découvertes de Pasteur sur les ferments ont mis un frein à la consommation rapide de ces bois, dès qu'on les eût injectés avec des antiseptiques tels que la créosote (goudron de bois) ou les sulfates de fer ou de cuivre (désignés par vitriols bleus ou verts).

Chacun sait, en effet, que lorsqu'on veut planter un pieux en terre, on fait brûler préalablement la partie qui doit être enfoncée dans le sol ; cette opération, qui assure au pieux une longue durée, tient tout simplement à ce que la créosote qui existe en vapeur dans la fumée du bois est absorbée par la légère couche de charbon laissée par le feu, laquelle s'est imprégnée de l'antiseptique très vigoureux : la créosote.

D'un autre côté, la science métallurgique qui, pour la production du fer, avait mis tout en œuvre afin d'éviter la collaboration du bois, se mettait ardemment à perfectionner l'outillage nécessaire à travailler le fer. C'est ainsi que l'on vit apparaître les fers laminés aux profils de cornière, à $\top$, double I, à $\sqcup$, etc., etc.

Une telle préparation du fer devait cette fois anéantir à tout jamais l'emploi du bois. En effet, les constructions de toutes sortes, navires, ponts, maisons, etc., emploient exclusivement de préférence le fer, au bois ; il semble même aujourd'hui que nos constructeurs se croiraient

8

déshonorés ou taxés d'inhabiles et d'ariérés s'ils employaient le bois pour l'édification de leurs projets.

Les services que l'humanité demande aujourd'hui au
bois sont donc bien réduits, et ils ne peuvent même plus
se borner, comme aux premiers temps, à la cuisson de la
nourriture ou du chauffage pendant l'hiver, car la houille
encore de ce côté a pris sa place.

On peut dire alors que dans la lutte engagée par ces
deux frères ; le fer et le bois, pour servir le monde, c'est
le fer qui a vaincu son aîné ; est-ce pour longtemps ?
Et nos forêts sont-elles destinées à ne plus servir que de
refuge au gibier ou à créer de frais ombrages dans notre
beau pays de France ? Non ; néanmoins elles ne connaî-
tront plus la prospérité d'autrefois ; mais que les propriétaires ne s'en attristent pas, car ce sera encore dans
l'avenir la propriété forestière qui assurera aux particuliers le meilleur rendement et la plus grande sécuri'é
comparativement à la propriété agricole, sa sœur ; je
dirai pourquoi dans le chapitre qui suit.

CHAPITRE VIII.

Procès de 1896, ses conséquences, et aperçu comparatif de la Propriété agricole avec la Propriété forestière.

Au cours de l'année dernière, nous avons vu qu'un
usager, M. Emile de Laplace, avait demandé au tribunal
civil de Nevers le partage et la licitation du droit d'usage
des bois d'Imphy, etc., se basant, pour cela, sur l'art. 815
du Code civil, qui dit que : « Nul ne peut être contraint de
« demeurer dans l'indivision et le partage peut toujours
« être provoqué, nonobstant prohibitions et conventions
« contraires ».

M. le marquis du Bourg est intervenu, se qualifiant
propriétaire du fonds et s'opposant, par conséquent, à la
licitation et partage des dits usages.

Le tribunal de Nevers a rejeté la demande de l'opposant
pour une question de forme, en se basant sur ce que, au
lieu de signifier ses prétentions à tous les usagers et au
moment voulu, il n'avait rempli cette obligation que vis-

à-vis du demandeur, et cela tardivement, c'est-à-dire au commencement des plaidoiries.

La maison du Bourg n'a pas vu ses prétentions du fonds repoussées par le tribunal, ainsi que certains usagers le croient; elle n'a été déboutée de sa demande que pour une simple question de forme, mais sa qualité de propriétaire n'a pas été plaidée ni examinée par ce tribunal.

M. de Laplace a été également débouté de sa demande pour les motifs exposés dans le jugement ci-dessous :

« 20 mars 1896. — Sur la demande d'intervention de
« du Bourg; attendu que la demande d'intervention de du
« Bourg, en qualité de propriétaire du fonds, a été signi-
« fiée à de Laplace, seul; qu'elle n'a été connue des
« autres défendeurs qu'au moment même où les plaidoi-
« ries ont commencé ;

« Qu'elle est de nature, si elle était admise, à constituer
« à leur égard la chose jugée ;

« Que la cause principale étant en état, il y a lieu de
« rejeter ladite intervention, comme tardive, et de con-
« damner du Bourg aux frais qui en sont la conséquence.

« Sur la demande de de Laplace ;

« Attendu qu'à l'appui de sa demande en partage et
« licitation du simple droit d'usage dont sont grevés
« à son profit et au profit des défendeurs, ses co-indivi-
« saires, 145 hectares environ de bois, situés commune
« d'Imphy, de Laplace prétend que l'expression de simple
« droit d'usage n'est employée par lui qu'à défaut de toute
« autre expression plus exacte ; qu'il s'agit, en réalité,
« d'une propriété *sui generis*, d'un genre innomé, ana-
« logue par plus d'un point, si non par tous, au droit
« de superficie laissant au propriétaire la propriété du
« tréfonds seul, et par suite susceptible d'être licitée ou
« partagée.

« Attendu que de Laplace a, suivant contrat reçu par
« M⁰ Gerin, notaire à Nevers, le 1ᵉʳ octobre 1881, acquis
« des consorts Jolly différents immeubles sis commune
« d'Imphy, et un demi droit d'usage dans les bois usagers
« de la dite commune ou de Sauvigny-les-Bois ;

« Attendu que les droits d'usage sur les bois d'Imphy
« ont été réglés aux termes d'une transaction intervenue
« le 2 septembre 1619 entre les usagers et les proprié-
« taires des dits bois, le seigneur d'Arquian et Anne
« d'Ancienville, son épouse ; qu'il est stipulé à cet acte

« que les bois assis et justice d'Imphy-Curly et Prye
« seront attribués pour les 2/3 au seigneur et à la dame
« d'Arquian pour en disposer comme bon leur semblera,
« et pour 1/3 aux usagers pour en jouir par forme d'usage
« suivant la coutume du Nivernais et non autrement ; que
« cette limitation de mode de jouissance, ces mots expres-
« sifs et non autrement, démontrent qu'ils restaient sim-
« ples usagers dans le 1/3 qui leur était concédé ; que
« cette qualité, répétée dans de nombreuses reconnais-
« sances passées depuis et maintenues à leur encontre
« au profit des ayants-droit des seigneur et dame d'Ar-
« quian, par arrêt de la Cour de Bourges du 17 août 1826
« ne saurait être modifiée par une possession ou posses-
« sion avec leur titre ;

« Que de Laplace soutient en vain, articule et offre de
« prouver différents faits cotés sous les nᵒˢ 1 à 9 de ses
« conclusions du 21 mars 1896, et tendant à établir que
« depuis un temps immémorial et notamment depuis plus
« de trente ans, les usagers ont joui et administré la
« partie des bois d'Imphy dont il demande le partage et
« la licitation avec toute l'étendue des droits d'un véri-
« table propriétaire de la superficie et sans jamais provo-
« quer l'intervention des propriétaires du tréfonds ; que
« ces faits, même établis et démontrés, n'attesteraient
« qu'une possession précaire attaquant la substance de
« la propriété contre la transaction de 1619 et incapable,
« aussi ancienne qu'on la suppose, de souder aucun
« droit ;

« Attendu que de Laplace articule encore et offre de
« prouver que postérieurement à l'arrêt de la Cour de
« Bourges du 17 août 1826, des arrangements sont inter-
« venus dans le but de modifier les droits qu'avaient anté-
« rieurement les usagers des bois d'Imphy ; qu'au cours
« de cet arrangement un partage de ces bois a eu lieu
« entre les co-indivisaires d'une part et le marquis du
« Bourg d'autre part ;

« Qu'il n'existe en la cause aucune preuve écrite ou
« aucun commencement de preuve par écrit de ces pré-
« tendus arrangements ; que la preuve testimoniale n'en
« saurait par suite être admise ;

« Attendu que le droit d'usage sur les bois d'Imphy,
« concédés par la transaction de 1619, ne saurait faire
« l'objet d'un partage ou d'une licitation ;

« Qu'il y a lieu dès lors, sans s'arrêter aux conclu-
« sions subsidiaires afin d'enquête, lesquelles sont inopé-
« rentes ou inadmissibles, de déclarer de Laplace non
« recevable, en tous cas mal fondé dans sa demande et
« de l'en débouter ;

« Attendu que la partie qui succombe doit être condam-
« née au dépens ;

« Par ces motifs,

« Déclare du Bourg non recevable en son intervention
« comme tardive, l'en déboute ; dit que les frais exposés
« par lui et ceux des conclusions sur la forme, prises en
« réponse par Abadie de Barreau et consorts de ce chef
« resteront à sa charge personnelle ;

« Déclare de Laplace non recevable, en tous cas mal
« fondé tant en sa demande principale que subsidiaire
« afin d'enquête ; — l'en déboute et le condamne aux
« dépens. »

Si on considère, en les analysant, les conclusions de
M. de Laplace, on se dit qu'avant d'engager le litige, il ne
devait pas être documenté, ce qui explique alors l'in-
cohérence de l'attaque ; ou bien est-ce une tentative de
faire appliquer à des usagers les bénéfices qu'accorde aux
propriétaires seulement l'article 815 du Code civil ?

Je croirais plutôt à cette hypothèse, car, dans son
exposé au tribunal, M. de Laplace démontre que l'expression *droit d'usage* est impropre et qu'il ne l'emploie qu'à
défaut d'un terme de définition plus exacte.

Cette prétention courait à un échec certain, d'autant
plus que dans ses conclusions le requérant prétendait
n'être point propriétaire, et à cause de cette assertion
même, le tribunal ne pouvait accorder la licitation, ni
même intervertir la qualité du titre des usagers, puisqu'au lieu de tendre vers ce principe, au contraire il le
repoussait.

Si les usagers avaient avantage à se voir liciter, ce que
je conteste, il aurait été préférable, il me semble, de
plaider franchement la possession du fonds, en se basant
sur le caractère de la transaction de 1610, constituant un
véritable cantonnement ; de plus soutenir, tant au point
de vue des faits accomplis qu'au point de vue légal, que
les stipulations contractuelles étaient devenues caduques
et par conséquent sans effet depuis la promulgation de la
loi du 27 avril 1827, article 218 du Code forestier, ainsi

conçu : « Sont et demeurent abrogés, pour l'avenir,
« toutes lois, ordonnances, édits et déclarations, arrêts
« du Conseil, arrêtés et décrets et tous règlements in-
« tervenus à quelque époque que ce soit, sur les ma-
« tières réglées par le présent Code, en tout ce qui
« concerne les forêts.

« Mais les droits acquis antérieurement au présent
« Code seront jugés, en cas de contestation, d'après les
« lois, ordonnances, édits et déclarations, arrêts du
« Conseil, arrêtés, décrets et règlements ci-dessus men-
« tionnés. »

En outre, les usagers pouvaient encore conclure qu'ils
avaient toujours joui en véritables propriétaires antérieurement et postérieurement à la loi de 1827, et même
sous l'empire des coutumes de Nivernais, dès après la
convention de 1619, malgré les règlements imposés par
les dites coutumes et malgré aussi les articles 79 et 83
du Code forestier actuel, sans qu'à aucun moment les
différents propriétaires du fonds, malgré l'intérêt majeur
qu'il y avait pour eux de protester, n'aient jamais fait
d'opposition ni de protestation contre les abus des usagers opérant au su et au vu de tout le monde dans des
conditions délictueuses prévues par la loi, et alors qu'en
considération de ces faits, la prescription devait intervertir leur titre et par conséquent les accueillir au droit
de propriétaire.

Dans son jugement, le tribunal déclare que les usagers
doivent exploiter les usages suivant les coutumes de
Nivernais et pas autrement ; or, les coutumes sont abro-
gées et les règlements qu'ils sont supposés enfreindre,
sont remplacés par les articles 79 et 83 du Code forestier
qui prescrivent, le premier : « Que les usagers qui au-
« ront droit à des livraisons de bois de quelque nature
« que ce soit, ne pourront prendre ces bois qu'après que
« la délivrance leur en aura été faite. »

Le second : « Qu'il est interdit aux usagers de vendre
« ou d'échanger les bois qui leur sont délivrés et de les
« employer à aucune autre destination que celle pour
« laquelle le droit d'usage a été accordé. »

Dire aujourd'hui que des usagers doivent jouir selon
les anciennes coutumes et pas autrement, m'apparaît
comme une injonction bien vague à une application
impossible.

Si les coutumes, dont on n'a plus de nos jours aucune idée, avaient été l'objet d'un règlement fixe et stable et ne donnant lieu à aucune discussion en ce qui concerne leur application, il y aurait peu à discuter ; mais nous sommes loin de cela, car aux époques mêmes où florissaient ces coutumes, il y avait tellement, dans la pratique, de dérogations aux textes, qu'il est impossible actuellement d'en prescrire sérieusement l'application.

A ce propos, je vais exposer l'avis que M⁰ Charles Bourdot de Richebourg, avocat au Parlement, dans un excellent ouvrage qu'il fit paraître en 1724, donne sur les coutumes :

« Antérieures à la féodalité, car elles servaient à com-
« pléter et à éclaircir les lois : salique, ripuaire, gom-
« bette, etc., les coutumes restèrent en vigueur concur-
« remment avec les capitulaires d'abord, puis avec les
« ordonnances des rois de France, jusqu'à la promulga-
« tion du Code civil en 1804. Enfin, jusqu'au milieu
« du xv⁰ siècle, les coutumes ne furent suivant la défini-
« tion d'un ancien jurisconsulte (qu'ung raisonnable esta-
« blissement non escript). On comprend que de difficultés
« une pareille jurisprudence devait présenter dans l'appli-
« cation ; il y avait en outre deux sortes de coutumes : la
« coutume notoire et la coutume privée.

« La première devait être en général approuvée notoi-
« rement par le cours de quarante ans et être ainsi
« devenue tellement notoire que nul n'eût pu contester la
« validité.

« Pour la seconde il était nécessaire de l'établir par le
« témoignage de dix ou douze habitants du lieu choisi
« parmi les plus sages et les plus anciens.

« Ces conditions variaient d'ailleurs, non-seulement
« suivant les provinces, mais même suivant les plus
« humbles baillages : (Les coutumes sont si diverses,
« disait Beaumanoir, *c'on ne pourrait pas trouver el*
« *royaume de France, deux chastelnies qui de toz cas*
« *usassent d'une meisme coustume*).

« On songea de bonne heure à suppléer aux témoi-
« gnages oraux par l'écriture. Plusieurs jurisconsultes
« signalent l'existence de livres coutumiers conservés
« dans les greffes des tribunaux et où l'on enregistrait,
« pour mémoire, les coutumes qui avaient été déclarées
« approuvées.

« D'autres coutumes, celles du duché de Bourgogne
» ou du Beauvoisis, par exemple, furent rédigées au
» xiiie siècle, mais par des particuliers dépourvus de tout
» mandat officiel, et leur travail n'avait d'autre autorité
» que celle qu'il pouvait emprunter au mérite de l'auteur.

« Charles VII entreprit le premier de faire codifier
» toutes les coutumes de France ; l'ordonnance de Montil-
» lez-Tours (avril 1454), enjoignait de réunir dans cha-
» que localité une commission chargée de rédiger les
» coutumes et les usages du pays.

« La rédaction devait être soumise à l'examen du Par-
» lement, et la confirmation royale la rendait ensuite
» exécutoire. Cette sage ordonnance n'eut pas d'effet
» immédiat ; elle fut renouvelée successivement par
» Louis XI, Charles VIII et Louis XII, et dès le xve siè-
» cle il était passé en maxime de droit public qu'au roi
» seul appartenait de faire rédiger et de publier une
» coutume.

« Jean, comte de Nevers, ayant, en 1490, recueilli et
» promulgué la coutume de Nivernais, Charles VIII et
» Louis XII firent de nouveau procéder à cette rédaction
» comme si elle n'eût pas existé.

« Plusieurs coutumes rédigées précipitamment sous
» les règnes précédents, furent révisées et publiées de
» nouveau à partir du règne de François Ier. C'est ce qui
» explique les mots ancienne et nouvelle coutume qui se
» rencontrent fréquemment dans le coutumier général.

« Les coutumes étaient en outre générales ou locales :
» générales quand elles étaient observées dans une pro-
» vince entière, locales lorsque leur autorité n'était recon-
» nue que dans une seule ville, un bourg, un village. »

Les usagers qui ont toujours exploité dans les conditions que je disais ci-dessus, c'est-à-dire en véritables
propriétaires, doivent-ils demander la délivrance et ne
plus vendre leur bois ? Le tribunal de Nevers indique
dans un de ses considérants le jugement qu'il émettrait
s'il était saisi de cette question. « Attendu, dit-il, que de
» Laplace soutient en vain, articule et offre de prouver
» différents faits sous les n°s 1 à 9 de ses conclusions,
» tendant à établir que depuis un temps immémorial, et
» notamment depuis plus de trente ans, les usagers ont
» joui et administré la partie des bois d'Imphy avec toute
» l'étendue des droits d'un véritable propriétaire sans

« jamais provoquer l'intervention des propriétaires du
« tréfonds ; *que ces faits même établis et démontrés*
« *n'attesteraient qu'une possession précaire attaquant la*
« *substance de la propriété contre la transaction de*
« *1619* et incapable, aussi ancienne qu'on la suppose, de
« souder aucun droit. »

On voit donc, et il n'y a pas de doute à avoir, que si
un procès était intenté aux usagers par le propriétaire,
représentant les anciens possesseurs du fonds, au sujet
de la délivrance ou de la vente des bois, le tribunal de
Nevers rejetterait les prétentions des usagers et les
condamnerait.

(Nous avons vu au chapitre qui traite de la *délivrance*,
que c'est en correctionnelle seulement que peuvent être
traduits les usagers et le cas que peuvent invoquer ceux-
ci pour éviter la condamnation.)

Cependant, si nous faisons abstraction des considérations que je faisais valoir ci-dessus à propos de l'application des coutumes, le jugement qu'émettrait le tribunal
de Nevers me paraîtrait être en contradiction avec la
théorie de jurisconsultes qui font autorité en cette matière, ainsi qu'avec des arrêts de la cour de cassation des
28 juillet 1820 et 16 juin 1842 que j'ai déjà cités et dont
le premier s'exprime ainsi : « Attendu que les droits
« conférés à ces communes par la transaction et les juge-
« ments ci-dessus ne se réduisent pas à de simples droits
« d'usage ; qu'en jugeant que les habitants ...aient pu
« couper des arbres dans les dites forêts conformément
« à ces actes, sans en demander la délivrance et qu'en
« conséquence cette coupe faite par eux ne les avait pas
« constitués en délit, etc. Rejette. »

L'autre arrêt dont j'ai indiqué également l'espèce dit :
« Attendu que si les usagers dans les bois des particu-
« liers ne peuvent exercer leurs droits avant d'avoir
« obtenu la délivrance, cette délivrance peut être prouvée
« autrement que par écrit, etc..... »

Malgré tout, les usagers d'Imphy n'auraient aucun
intérêt à se voir déclarer propriétaires *(ut domini)*, puisqu'ils le sont en fait. Car en vérité ne jouissent-ils pas
comme de véritables propriétaires ?

Il est certain que leur intérêt n'est pas dans une solution favorable à ce principe, et si les tribunaux avaient

donné gain de cause à M. de Laplace, les usagers auraient subi une perte importante et voici comment :

Les 145 hectares qui constituent les usages d'Imphy auraient été vendus à un prix probablement dérisoire, attendu qu'il y a actuellement sur la propriété forestière une dépréciation considérable ; c'est à peine si on en aurait obtenu 100.000 francs qui, partagés en 42 parts, auraient produit, frais déduits, environ 2.000 francs par part.

L'usager ayant placé son argent en rente 3 °/₀ toucherait au cours actuel 58 francs par an. Actuellement, je ne sais combien vaut le bois dévolu pour un droit d'usage chaque année ; mais il n'y a pas longtemps il se vendait couramment 160 francs ; c'était un rapport à 4 °/₀, si l'on estime que la valeur nominale du droit vaut 4.000 francs. (Je me base, pour établir ce chiffre, sur les dernières ventes qui ont été faites.)

En résumé, l'usager aurait perdu 2.000 francs environ par droit sur son capital et 102 francs d'intérêts annuels.

Mais ce n'est pas tout ; le petit usager, c'est-à-dire celui qui ne possède qu'un droit ou deux, nécessaires pour son chauffage ou les besoins divers de son industrie ; aurait subi les conséquences de la vente des dits bois d'usage à un gros propriétaire, lesquelles auraient eu pour résultat de faire hausser d'une façon assez importante le prix du bois dans le pays, ce qui n'aurait pas été désagréable aux propriétaires forestiers, mais qui eût constitué pour les petits usagers un dommage assez important. En effet, les coupes qui se font chaque année auraient été annulées et cependant la consommation du bois devant se faire quand même, la demande aurait dépassé l'offre et les prix auraient augmenté de ce chef.

Vous m'objecterez peut-être que l'aménagement des usages vendus n'aurait subi aucun changement et aurait parconséquent continué l'approvisionnement du pays. En admettant cette hypothèse, le produit d'une coupe aurait été néanmoins dans une seule main, ce qui diminue la concurrence commerciale, et il est probable qu'en raison de l'importance de la coupe, celle-ci serait passée par un intermédiaire qui aurait prélevé un bénéfice que le consommateur aurait payé.

Donc en considération de ce que je viens d'exposer,

j'en conclus qu'il est plus avantageux de rester propriétaire de la superficie, même en état d'indivision.

En passant dans un ordre d'idées plus générales, je vais examiner les considérations qui militent en faveur de la préférence qu'il faut accorder à la propriété forestière sur l'ensemble de la propriété foncière agricole.

Il y a quelques années, un gros propriétaire foncier me disait ceci : j'ai fait défricher mes bois pour les remplacer par de la terre; je regrette cette opération, car le bois me rapporte bien davantage que la terre.

Au moment où cette conversation m'était tenue, il y avait en effet un avantage important à posséder du bois plutôt que de la terre.

Depuis ce temps, les conditions de rapport ont changé; la mévente du bois a été une cause de dépréciation qui pourra encore s'accentuer et donner des inquiétudes aux propriétaires forestiers.

Mais le summum de la dépréciation étant accompli et les inquiétudes oubliées, je crois que ceux-ci n'auront plus de regrets et verront de nouveau, non pas le niveau de l'ancienne prospérité, mais la supériorité de rapport sur la propriété agricole, car celle-ci est à la veille d'une réaction brutale et très importante; et étant donnée cette perturbation qui n'existera pas sur les forêts, attendu que ses produits ne sont pas les mêmes et qu'en outre, ils ne pourront jamais être influencés comme les produits agricoles par la concurrence de leurs similaires exotiques, la préférence sera encore comme autrefois accordée à la propriété forestière.

Pour développer ma conclusion en ce qui concerne la propriété agricole, je dois commencer par dire que de graves questions d'économie politique et sociale sont posées, et qui se résument à peu près ainsi :

Les prix des denrées agricoles peuvent-ils se maintenir?

Conséquemment les terres agricoles peuvent-elles conserver la valeur commerciale qu'elles ont en France et pourquoi seraient-elles dans un certain avenir plus cher qu'aux pays exotiques, voire même en Europe actuellement?

Ces questions ne recevront aucune solution négative, tant que la volonté des représentants législatifs pourra maintenir les droits d'entrée ou les primes d'exportation sur les produits agricoles, et, tant aussi que ces droits

protecteurs ne compromettront pas trop les intérêts des
autres industries, ni la vie économique du pays ; mais malgré
tout, ces protections ne sauraient durer longtemps. En effet,
les luttes perpétuelles qui se livrent dans le champ politique, nous font prévoir que les adversaires du principe
protectionniste vaincront, si surtout l'on observe la
poussée qui se fait de jour en jour, vers une inclination
contraire aux intérêts des possesseurs.

Il est incontestable aujourd'hui que l'agriculture souffre ;
tout le monde connaît ses souffrances, et c'est le cliché
immuable de tous les politiciens, chacun veut la protéger ;
mais comment la protéger ? Peut-on diminuer la main-
d'œuvre en augmentant le nombre de bras qui lui font
défaut ? C'est impossible !

La terre paraît ingrate d'abord, et surtout parce qu'on
ne l'aime plus ; la France moderne a pris goût au bien-
être que la facilité toujours croissante des communications
a mis partout à sa portée ; on déserte les campagnes, pour
les grands centres de population, où les gains rapides
sont plus aisés et les hasards de la fortune plus séduisants
et plus nombreux.

L'armée est l'auxilliaire le plus propice pour la préparation des paysans à la désertion des campagnes ; il est
impossible de résoudre les jeunes gens à reprendre le soc
de la charrue, lorsqu'ils reviennent du régiment avec des
galons ; ils veulent une place à l'Etat, au chemin de fer,
etc., et, pour cela, ils courent vite chez l'homme influent
de leur pays, qui s'empresse à tous ses désirs, dans
l'intention d'abord de faire une bonne action, et, ensuite,
car il faut toujours un peu penser à soi, maintenir la
croyance dans le public qu'on est influent.

Cet abandon de l'agriculture par la main-d'œuvre est
une cause incontestable de malaise, quoiqu'il ait été
largement atténué par l'emploi des différentes machines
agricoles, mais ce n'est pas par là que la propriété verra
les maux les plus cruels qu'elle est appelée à souffrir ;
il y a des causes bien plus graves ! La propriété forestière
a vu peu à peu sa prospérité s'anéantir par les progrès de
la science ; il en sera de même, pour la propriété agricole,
par suite de la marche toujours ascendante des progrès
rapides de la civilisation et des découvertes dues au
génie de l'homme, qui séparent à jamais les siècles modernes des siècles anciens.

Si, aujourd'hui, les prix des principaux produits agricoles permettent encore aux agriculteurs d'être rémunérés de leurs travaux, après avoir prélevé pour le propriétaire un revenu de 3 à 3 1/2 0/0, cela tient, tout le monde le sait, à ce que des droits protecteurs sont perçus à l'entrée des denrées en France, puis aux cours du change qui existe entre le pays exportateur et le pays importateur, et enfin, aux frais de transport. Le résultat de ces trois causes représente plus que la moitié de la valeur des denrées sur les marchés français.

Nous allons examiner l'un après l'autre ces éléments qui concourrent actuellement à conserver des prix ainsi majorés.

En ce qui concerne les droits protecteurs, je l'ai déjà dit, le maintien en est à la merci des caprices de la politique.

Quant à la concurrence des blés étrangers, on peut prétendre qu'elle sera de plus en plus considérable, étant donné que les pays producteurs sont des pays neufs qui ne sont pas encore outillés de chemins de fer, ports, canaux, routes, etc.; que parconséquent de vastes étendues sont encore incultes, mais qui ne le seront plus, dès que le fruit de leur exploitation pourra être enlevé facilement et économiquement par l'outillage qu'on s'applique tous les jours à leur donner.

La production annuelle du blé dans le monde entier est de 700 millions d'hectolitres; elle se répartit ainsi :

Etats-Unis et Canada.....	170 millions	d'hectolitres.
France..................	100	»
Inde-Anglaise...........	90	»
Russie..................	80	»
Italie...................	50	»
Autriche-Hongrie........	40	»
Allemagne..............	30	»
Pays divers.............	95	»
Total...	700	»

D'après le tableau ci-dessus, nous pouvons nous faire une idée de la production qui se fera, lorsque toutes les terres seront exploitées, si non comme en France, mais à moitié près seulement.

La question des transports maritimes a reçu et va recevoir encore des modifications importantes; il en sera pour les tarifs de la navigation encore pire que pour ceux des chemins de fer. On sait que dès qu'on abaisse les prix de transports pour ceux-ci, les recettes augmentent dans une proportion, qui permet non seulement de couvrir le déficit produit par l'abaissement du tarif, mais encore d'ajouter des excédents de recettes sur les exercices antérieurs.

Je dis qu'il en sera pire pour la navigation, car pour les chemins de fer, on ne saurait dépasser en fait d'abaissement de prix, des limites qui seraient dangereuses pour les intérêts des compagnies, parce que celles-ci donnent toutes leurs forces et qu'elles ne peuvent augmenter leurs moyens d'action; ce qui n'existe pas dans la navigation, car on peut la considérer comme étant relativement à ses débuts, et parconséquent pouvant faire encore immensément.

La traversée de l'Océan qui se faisait autrefois par voiliers, durait plusieurs mois; actuellement, grâce aux bateaux à vapeur, elle s'opère en une semaine et avec une régularité telle, que les compagnies (la Transatlantique par exemple), annoncent la durée du trajet du Hâvre à New-Yorck, en précisant même les heures d'arrivée; ce qui fait que le Canada et les Etats-Unis, les deux plus grands producteurs de blés et de bestiaux du monde, sont relativement proches de l'Europe. Le génie de notre temps a aussi supprimé les barrières naturelles entre l'Afrique et l'Asie, en ouvrant le canal de Suez, cette nouvelle route qui met à quelques journés de l'Europe les blés des Indes à sa disposition.

Le tonnage des navires a augmenté dans une proportion considérable; aujourd'hui les bateaux portant de 3 à 6.000 tonneaux de 1.000 kil. sont très nombreux et représentent un outillage dont l'importance en tonnage n'est pas plus exagérée qu'elle ne l'était il y a cinquante ans pour les voiliers qui ne portaient alors que 5 à 800 tonnes.

La vitesse acquise des bateaux et l'énormité des charges qu'ils peuvent recevoir a permis de réduire les frais du frêt d'une façon considérable, et par conséquent aux armateurs de pouvoir approvisionner dans des conditions vraiment économiques un pays en quelques semaines de tout le blé nécessaire à sa consommation pour une année.

Ainsi les blés qui arrivent au Hâvre ou à Dunkerque ne paient jamais plus de 7 fr. 50 de transport par 100 kil., et encore il faut dire que ce sont des frêts accidentels, mais que si on avait un approvisionnement important et constant à faire, les prix du frêt baisseraient au moins de moitié et reviendraient à 4 fr. les 100 kil.

Les frais d'ailleurs qui constituent les prix de revient des transports maritimes résident en majeure partie non dans les manipulations diverses par la main-d'œuvre ou dans les frais de machinerie, mais surtout dans l'extinction du capital construction ; or, il est probable que la détérioration des navires sera bien amoindrie ainsi que les frais de machine dès que l'on pourra éviter le poids mort produit par le fer employé ainsi que l'action corrosive de la mer ; le jour où les fours électriques pourront produire en abondance l'aluminium, ce métal qui n'a que le poids du verre et qui est inattaquable par les sels de l'eau de mer supplantera victorieusement le fer pour la construction des bateaux.

Si je fais ici cette démonstration des progrès importants réalisés par la marine (1) et qu'elle est encore appelée à faire, c'est pour démontrer que ces puissants moyens de transports vont produire des effets aussi considérables que ceux qui ont été produits sur terre après l'introduction des chemins de fer.

Nous ne les voyons pas s'établir d'une façon aussi prompte, parce que le développement en est plus lent ; il faut avant tout que la colonisation des pays exotiques soit entièrement faite et que les indigènes, transformés par la civilisation, arrivent à faire valoir, comme chez nous, l'abondante richesse de leur sol.

De même que le chemin de fer a été l'agent nivelateur des prix de denrées si variés autrefois d'une province à l'autre, de même les transports maritimes feront disparaître les distances et nivelleront également les prix des produits agricoles du monde entier, si inégaux encore aujourd'hui.

Oui, les chemins de fer, je le répète, ont fait disparaître les différences de prix dans les provinces. Aussi tel pays montagneux ne possédant que quelques terres à blé, incapables par leur exiguïté de nourrir la contrée, procu-

---

(1) La marine commerciale à vapeur du monde entier, publiée par le *Bureau Veritas*, accusait 8.093.733 tonneaux pour 1887, et 12.611.020 en 1895.

rait-il à ces terres recherchées une valeur considérable sur les autres ; mais aussitôt l'introduction des transports à bon marché, ces terres jadis recherchées ont vu leur valeur commerciale s'équilibrer avec celles des pays voisins, producteurs des mêmes denrées.

Cet exemple en petit va se reproduire en grand pour les terres agricoles de la France en particulier, car dans les autres pays, où l'État n'est pas sollicité ni mis en cause lorsqu'il s'agit de protéger tels ou tels intérêts menacés, il me semble que l'assimilation des prix est déjà fort avancée. Ainsi en Angleterre, où l'on a constaté tant de ruines dans la classe des grands détenteurs de propriétés agricoles, en Italie, en Espagne, etc., la terre vaut en moyenne 400 francs l'hectare après avoir dépassé, comme chez nous, 15 à 1.600 fr. Je dois dire qu'en Angleterre la terre ne se vend pas comme en France ; on passe avec les propriétaires, qui sont les aînés des familles aristocratiques, des baux emphytéotiques, c'est-à-dire à très longue durée, 99 ans par exemple.

La question des transports ainsi que leur influence sur les conditions économiques d'un pays étant examinée, nous allons voir maintenant quels sont les résultats du change d'un pays à l'autre sur le prix des blés.

Il existe, j'en suis certain, pas mal d'agriculteurs qui ne se font aucune idée de l'influence du change sur les prix de leurs céréales ; cependant elle est importante, puisqu'il en résulte pour eux une augmentation de près de 15 %, ou, si vous le préférez, le change est cause que les blés sont toujours 15 % plus cher qu'ils ne seraient s'il y avait parité de cours pour l'argent, entre notre pays et certains autres qui sont producteurs.

Pour ceux de mes lecteurs qui ne sont pas initiés à cette théorie, je vais expliquer en quelques lignes ce que c'est que le change et quels sont les causes qui le produisent.

Les pays neufs, tels que le Brésil, la République Argentine, la Bolivie, le Pérou, etc., etc., ou ceux de l'ancien continent, comme la Russie, n'ont pas encore eu le temps de se constituer une fortune nationale pouvant leur assurer un stock de métaux précieux, or et argent.

D'autres pays, sur le vieux continent, tels que le Portugal, l'Espagne, l'Italie, la Grèce, etc., qui sont en pleine décadence, ont vu leurs ressources précieuses disparaître pour des causes que je n'ai pas à apprécier ici.

Tous ces pays doivent vivre cependant, et il faut, pour exploiter les richesses de leur sol, qu'ils aient recours aux pays riches, la France ou l'Ang'eterre qui leur prêtent l'argent nécessaire à leurs besoins.

Ces prêteurs exigent, en retour, que l'intérêt de leur prêt leur soit payé en or, seule monnaie qui ne subit aucune différence entre la valeur nominale et la valeur intrinsèque.

Ce paiement des intérêts en or, pour les pays emprunteurs, ajouté à ceux qu'ils sont obligés de faire pour solder leurs importations, a pour résultat de leur enlever si non le tout, mais une grande partie du métal précieux qu'ils possèdent; de sorte que bien souvent il en manque, et c'est alors que l'on dit que l'or *fait prime*, parce qu'étant recherché on paie plus cher pour l'avoir.

Pour leurs besoins de circulation intérieure, ces pays créent, comme chez nous, des banques qui émettent des billets fiduciaires, que nous désignons sous le nom de billets de banque; seulement ces billets de banque, au lieu d'être, comme en France, garantis, on pourrait dire hypothéqués par un stock d'or et d'argent équivalent, ne le sont pas; vous voyez alors la différence de garantie ! Chez nous un billet de mille francs représente mille francs d'or ou d'argent en dépôt, tandis que dans ces pays ils n'ont de valeur qu'autant que la moralité des gens qui les émettent inspirent de confiance; tout le monde sait, qu'en France, on peut se présenter du jour au lendemain avec tous les billets de la Banque de France ; que celle-ci doit et peut les rembourser en or ou en argent; le cours de ces billets n'est pas *forcé*.

Mais dans les pays à finances avariées, ou qui n'ont pas les moyens de garantir leurs billets par du métal précieux, le cours de ces billets est obligatoire pour la population, on dit alors qu'il est *forcé* ; c'est-à-dire que les banques privilégiées qui les émettent ne sont pas obligées de les rembourser en or ou en argent sur la réquisition du public ; vous voyez d'ici la garantie que possède le porteur de ces beaux imprimés que nous aimons tant.

Dans le pays même où ils ont été émis et où ils circulent, cela n'a pas beaucoup d'importance pour les particuliers entre eux ; mais lorsqu'ils ont des relations commerciales avec les pays étrangers, c'est une autre affaire, car quand ils vendent leurs denrées ils tiennent compte du bénéfice que va leur procurer par la prime, l'or qu'ils recevront en échange des produits vendus.

De son côté l'acheteur tient le raisonnement qui tend au même but ; il sait que l'or avec lequel il paiera ses achats fait prime dans le pays ; par conséquent ses transactions seront également influencées par le montant de la dite prime ; cette différence se nomme *le change*.

Ainsi, un armateur français qui achète du blé à raison de 15 francs les 100 kilogs, ne le paie en fait que 9 francs parce que le change étant à 40 °/₀ dans le pays où il achète on lui fait une remise de 6 francs par 15 francs d'or qu'il verse.

En République Argentine et au Brésil, le change est monté jusqu'à 350 francs ! C'est-à-dire que pour 100 fr. d'or on donnait 350 francs de papier.

Les transactions commerciales, dans ces conditions, sont très difficiles à faire et empêchent tout commerce, ou si non y nuisent considérablement et la spéculation qui en découle absorbe généralement le bénéfice qui peut résulter des échanges.

Il faut bien admettre cependant que le producteur de ces pays à finances discutables ne livre pas à perte ses produits ; or, si l'on pense que les frais du change sont une charge pour lui, on peut supposer que lorsqu'ils n'existeront plus, il livrera à meilleur compte. Ce qui fait conclure : que la réduction du change amènera forcément une moins-value sur le prix des blés et autres denrées agricoles.

Mais, me direz-vous, la situation économique actuelle peut durer longtemps ?

Je ne suis pas de cet avis, en ce qui concerne la Russie et les pays exotiques, ces grands producteurs de céréales ; car le développement qu'ils prennent chaque jour ne tardera pas à leur procurer la richesse. Actuellement ils ont besoin d'acheter à l'Europe tous ses produits industriels, ce qui fait que l'argent qu'ils retirent de leurs exportations est absorbé par les importations qu'ils font ; seulement il faut bien observer que l'importation chez eux n'est que provisoire et qu'elle consiste surtout en achat d'outillages de toutes sortes, qui vont leur servir à inonder à leur tour le vieux continent et renouveler ce qui se présente actuellement pour les Indes anglaises qui ont été une source constante de débouchés pour les produits manufacturés de l'Angleterre, mais qui préoccupent maintenant et sont pour ainsi dire le cauchemar, des industriels de la métropole, parce que les Indes sont devenues des pays producteurs par excellence, et au lieu d'acheter à ses envahisseurs d'autrefois, aujourd'hui elle les noie de ses produits, dont la qualité, le fini et surtout le bon marché défient la concurrence anglaise.

On pourrait craindre en suivant ma théorie de voir se produire une crise de l'or, dès que les pays dont je viens de parler ayant prospéré, pourront s'approvisionner de ce métal précieux ; cette hypothèse ne se produira jamais. Si l'or ne reste pas chez eux, c'est que comme dans la poche du pauvre il ne peut y venir ; mais le jour, où de même que dans notre pays la puissance de fortune leur en permettra la possession, aucune crise ne sera possible car la production de l'or est de plus en plus abondante. On peut d'ailleurs en juger par la progression que l'on constate périodiquement.

Ainsi en 1860, la production totale de l'or dans le monde entier était annuellement de 150.000 kilogrammes tandis qu'en 1895 elle est de 320.000 kilogrammes. Le Transwal à lui seul fournit annuellement 60.000 kilogrammes d'or fin par an et cependant le quart à peine de ses usines aurifères ne sont qu'en voie d'installation. On peut donc supposer plutôt une crise due à l'excès de l'abondance de l'or qu'à sa rareté.

Il est incontestable, on peut le dire, que la prospérité des pays neufs aura une répercussion dont les effets se feront sentir fâcheusement pour nos intérêts et seront directement ou par ricochet, une cause d'affaiblissement de la propriété agricole.

Les banquiers actuels de ces nations naissantes sont la France et l'Angleterre. Ces deux riches pays, heureusement, trouvent encore à placer leurs capitaux à des taux supérieurs au taux moyen national. Je veux bien qu'il y ait de temps à autre quelques déceptions, mais quel est le prêteur qui n'en a pas subis. Cet exode de nos capitaux à l'étranger est la meilleure garantie contre une crise d'excès de richesse (1) qui pourrait se produire chez nous et aurait des résultats fâcheux pour les rentiers français.

On lit très souvent dans certains journaux ou on entend dire à des esprits chagrins et inquiets à peu près ceci : La Russie, qui nous promet son alliance, ne nous leurre-t-elle pas pour nous emprunter nos millions ?

Une telle appréhension, lorsqu'elle est sincère et ne fait pas le jeu de nos ennemis, manque évidemment de raisonnement. Je disais ci-dessus qu'il est bien heureux que notre pays trouve à placer ses capitaux ; en effet, que se passerait-il si nos rentiers français n'avaient pas les moyens de placement nécessaires ; ils seraient obligés d'acheter de la rente 3 % ; or, étant donnée la surabondance d'argent qu'il y aurait en quête de placement, le 3 %, qui vaut actuellement 102 francs, coûterait au moins 120 francs.

D'un autre côté, il faut remarquer que si la Russie nous a emprunté un milliard depuis vingt ans, elle nous a déjà rendu ce milliard par les intérêts qu'elle nous a payés ; elle nous rend en somme autant de service que nous lui en rendons. Notre pays ne s'est pas non plus appauvri d'or, attendu qu'il est rentré dans son débours et de plus qu'il est encore créancier d'autant.

Il faut admettre qu'à une époque qui n'est peut-être pas éloignée, les pays qui empruntent pour s'outiller et faire produire un rendement capable de leur assurer la richesse, feront des efforts pour conserver à leurs nationaux la totalité de leurs dettes et s'acquitter de ce qu'ils doivent aux pays étrangers ; les rentiers français subiront alors une crise importante, et la répercussion, comme je le disais plus haut, se fera ressentir sur les propriétés agricoles.

En effet, nous avons déjà vu les grands établissements de crédit, la Ville de Paris, l'État même pour le Tonkin, tenter des émissions en 2 1/2 et 2 3/4 qui ont parfaitement réussi. Ces tentatives, il ne faut pas se le dissimuler, sont des jalons préparés pour les emprunts futurs de l'État et aussi pour la conversion de la dette nationale.

---

(1) D'après M. de Foville, directeur de la Monnaie à Paris, il y a en France 7 milliards 1/2 d'or, c'est-à-dire autant qu'en Angleterre, États-Unis et Allemagne réunis.

Cette tendance à capitaliser à 2 1/2 sera d'autant plus soutenue par le Gouvernement, attendu qu'il se servira de l'occasion pour convertir la dette publique à ce taux, qui lui assurerait une ressource annuelle de 150 millions; or, le taux de 2 1/2 bien accepté ou plutôt bien subi par le pays, ne croyez-vous pas, chers lecteurs, que ce ne serait pas aussi le signal d'une capitalisation de la propriété agricole à 1 ou 1 1/2 %, si l'on tient compte de cette règle économique qui veut que la terre rapporte moins que les valeurs mobilières.

D'ailleurs, si cette conséquence ne se réalisait pas, vous savez aussi que c'est la propriété foncière qui a le plus à craindre des impôts sur le revenu dont nous sommes menacés de temps à autre ; or, ne sentez-vous pas le raisonnement que tiendraient les politiciens en faveur de l'impôt : la terre rapporte 3 1/2, c'est-à-dire 1 % de plus que la rente, c'est un motif pour l'imposer.

Avant l'invention des chemins de fer, du télégraphe et du téléphone, chaque pays sur terre vivait à peu près dans son autonomie. On ne peut plus dire cela aujourd'hui ; ces instruments de la science ont créé dans le monde une solidarité telle, que lorsqu'un accident économique se produit sur un point du globe, la répercussion s'en fait sentir immédiatement dans un sens favorable ou défavorable, suivant le cas, dans les autres pays. Que pouvait nous nuire, en effet, une perturbation quelconque dans le nouveau monde il y a seulement cinquante ans ? Aujourd'hui cette indifférence n'existe plus ; ainsi nous avons assisté l'année dernière, et sans que cela fasse de bruit et qu'on n'y ait pris garde en France, à un de ces mouvements économiques qui ont tenu l'Angleterre en émoi : c'est lorsqu'un ministère français tenta l'impôt sur le revenu. Ce projet fit peur à une masse de porteurs de valeurs mobilières qui s'empressèrent de vendre leurs titres pour acheter de la rente anglaise ; on a estimé, en effet, que le portefeuille français s'était vidé de 5 à 600 millions, et la conséquence de ce fait fut que les consolidés anglais, qui valaient auparavant 105 francs pour 2 fr. 75 de rente, sont montés à 115 francs.

Tout récemment encore, n'avons-nous pas assisté à l'affolement financier de Londres, Berlin, Paris, et dont les suites auraient pris des proportions considérables, si O. Bryan, le candidat à la présidence des Etats-Unis, avait été élu à la place de Mac Kinley. Cette perturbation serait venue, on le sait à propos de l'admission de l'argent à la frappe que préconisait O. Bryan.

Nous ne devons cependant pas regarder de mauvais œil cette solidarité économique des Etats du monde, que l'on pourrait appeler un collectivisme social financier, car elle ne peut être pour l'humanité que l'assurance la plus parfaite de la paix. En effet, les puissants financiers, qui étaient généralement les promoteurs des guerres d'autrefois, n'ont plus que la ruine en perspective s'ils s'y résolvaient. Leur influence ou leurs menaces paralysent toujours les souverains ou les ministres qui tiennent les rênes de cet intrépide fléau. Ces puissances financières ont à leur disposition la presse, cette grande fabrique d'opinion qu'elle produit à sa façon et qui est la force la plus résistante qui soit actuellement au monde.

Enfin, et pour résumer, on peut donc dire que dans le monde entier, tous les éléments économiques tendent à se généraliser et à s'uniformiser par les progrès de la science et de la civilisation, et on peut en conclure que ces transformations concourront à produire une réaction très importante sur les prix actuels de nos denrées agricoles et conséquemment sur la valeur commerciale de la terre.

Nous avons vu qu'en ce qui concerne la principale production, le blé, ses prix actuels sur le marché français étaient tenus :

1° Par le droit d'entrée de............ 7 francs.
2° Par les frais de transports qui peuvent
    être réduits à.................... 3 —
3° L'extinction du change............ 2 —

Total..... 12 francs.

Si l'on déduit ces 12 francs du prix moyen, qui est de 20 francs, il ne reste plus que 8 francs.

Les produits autres que le blé, tels que bétail, sucre, etc., étant trop complexes, je ne m'en suis pas occupé, cependant leur connexité les fera suivre la même loi générale.

Mais est-ce à dire après cela, que la terre en France ne sera plus bonne à nourrir son industrie, qui est l'agriculture, et qu'il n'y aura plus qu'à l'abandonner ?

Non certes, la petite culture s'en tirera toujours, elle

produit d'ailleurs bien davantage que la grande. Je connais un propriétaire d'Imphy qui trouve moyen de faire produire 8 à 10 0/0 de bénéfice net à une superficie de 15 hectares environ; or, ce qui est vrai pour 15 hectares, l'est aussi pour une propriété de cinq cents ou de mille; nous reparlerons de cela tout à l'heure.

De même, l'industriel agriculteur, le fermier en un mot, dont les besoins deviennent de plus en plus pressants à cause des exigences qu'il subit lui-même, trouvera toujours du bénéfice en vendant ses produits à des prix inférieurs à ceux qu'il vend aujourd'hui à la condition, toutefois, que dans son prix de revient le fermage de ses terres ne soit pas trop élevé, et qu'il soit aidé dans les conditions que je vais indiquer plus loin.

Du tableau pessimiste que je trace sur l'avenir de la propriété agricole, je vois quelques uns de vous, lecteurs, qui secoueront la tête en me lisant et qui se diront: cela changerait si nous avions un autre régime !

Vain espoir ! On peut évidemment changer le régime politique, mais on ne remontera jamais le courant qui existe aujourd'hui, aussi bien en France qu'à l'étranger ; l'humanité est emportée sur un char conduit par la vapeur et l'électricité, qu'aucune force ne peut arrêter dans son mouvement toujours plus entraînant.

Depuis l'avènement de la liberté du travail, toutes les industries ont successivement transformé, amélioré leurs procédés de production. Naguère emprisonné dans l'étroite alvéole du système restritif, l'esprit humain a pris soudainement un rapide et large essor ; il a cherché et trouvé des méthodes plus sûres, des moyens plus parfaits que ceux dont il s'était alors contenté, pour exploiter le magnifique domaine ouvert à son activité.

A mesure que se relâchèrent les liens qui entravaient les mouvements du monde industriel, on voyait se développer le progrès de l'industrie ; l'homme obtenait à l'aide d'une moindre somme d'efforts, une plus forte quantité de choses utiles. Le domaine matériel de l'humanité, sollicité par un travail plus intelligent et exploité au moyen de machines plus puissantes, rend chaque année une plus ample moisson de produits, et procure ainsi à des populations sans cesse croissantes une existence meilleure. En moins d'un siècle de liberté, l'industrie a réalisé plus de progrès qu'elle n'en avait accompli en vingt siècles d'esclavage.

Mais les progrès bienfaisants, ces progrès qui améliorent la vie de l'homme, ne s'accomplissent point sans modifier profondément les conditions d'existence de l'industrie.

Nous voyons depuis cinquante années disparaître successivement les petites exploitations sous la concurrences des grandes; nous voyons l'atelier se fermer lorsque la manufacture vient à s'ouvrir, la boutique faire place au magasin et la diligence céder le pas à la locomotive; l'industrie agricole après en avoir reçu la prospérité, est elle-même menacée par les progrès de la science. N'a-t-elle pas bénéficié dans le débouché donné à ses produits de ce bien être relatif et important que l'on observe dans l'existence des gens de labeur d'aujourd'hui comparée avec la vie d'autrefois ?

Non, il ne faut attendre ni de l'Etat, ni d'un rêve chimérique quelconque, une amélioration pécuniaire dans la propriété agricole; elle ne peut être procurée que par les propriétaires eux-mêmes. Je disais plus haut, que la petite propriété pourrait toujours se tirer d'affaires ; qu'importe en effet, que les prix des denrées baissent de moitié si l'on récolte le double ! Je vous vois sourire ironiquement à ma prétention ; cependant cela existe dans des contrées de la France où l'on ne peut m'opposer la différence climatérique, ni la qualité supérieure du terrain ; je veux parler par exemple des départements du Nord et de ceux de la Seine et Seine-et-Oise.

Rendement moyen en hectolitres par hectare pour une période de 10 années :

Seine................	29 hectolitres	89	de froment
Seine-et-Oise....	25	—	66 »
Nord.............	23	—	11 »
Nièvre..........	13	—	90 »
Seine..........	53 hectolitres	18	avoine.
Pas-de-Calais...	39	—	64 »
Nord	54	—	08 »
Nièvre..........	10	—	68 »

La Nièvre (1) produit donc à peu près moitié de ce que

____

(1) Je cite ce département parce qu'il représente la moyenne de récolte de la plupart des départements français.

rapportent les terres qui sont travaillées avec intelligence et où les engrais sont employés avec discernement, et il est indiscutable que l'on pourrait y obtenir les mêmes résultats, si les propriétaires voulaient modifier l'agencement de leurs fermes ainsi que leur mode d'exploitation.

Vous me direz probablement que si la Nièvre néglige sa culture, c'est parce qu'elle trouve une compensation dans l'élevage du bétail, puisqu'à ce point de vue, elle arrive à une supériorité de production sur les autres départements ; cela est exact, quoique la déception va aussi bientôt arriver ; mais néanmoins pourquoi négliger la terre ? Ne serait-il pas plus avantageux de récolter 26 hectolitres à l'hectare plutôt que 13 ?

Malheureusement pour le pays, dans la plus grande partie de la France, on ne possède de la terre, non pour lui demander un rendement avantageux, mais seulement pour la sécurité de placement qu'elle offre ; c'est en quelque sorte, comme on dit, une poire pour la soif. Or, en présence de l'apathie que montrent la généralité des propriétaires pour exercer les efforts qui peuvent tendre à une amélioration, il me semble qu'on serait en droit de n'écouter que d'une oreille peu attentive leurs plaintes habituelles et permanentes.

Si nous suivons les progrès qu'a faits l'agriculture, nous voyons qu'en outre de ceux qui lui donnent aujourd'hui de si bons résultats dans la culture des herbes fourragères ou des plantes potagères, elle a été secondée par des inventions de toutes sortes dans l'outillage rural, tels que : charrues perfectionnées, faux employées à la moisson, batteuses fixes, batteuses à vapeur, machines à faucher, à fâner, à lier, à vanner, semoirs, etc., etc.

Seulement on constate que le propriétaire n'a pas avancé d'un pas dans la voie du progrès ; il s'en tient toujours au même aménagement qu'il y a 300 ans et ses baux avec le fermier sont toujours les mêmes formules surannées d'avant la Révolution ; la terre est toujours divisée par fermes, dont la superficie d'exploitation est subordonnée au travail d'une, deux, trois ou quatre charrues !

Il y a certainement une rénovation à faire dans ces vieux systèmes et la production intensive que parviennent à obtenir les petits propriétaires, devrait donner l'éveil aux grands et leur inculquer l'idée de faire de même, ou tout au moins d'essayer sur une superficie peu importante qui serait en quelque sorte comme une ferme-école donnant l'exemple aux fermiers voisins.

Tous les agriculteurs savent que les résultats de l'agriculture, abstraction faite des perturbations atmosphériques, résident dans le discernement apporté dans l'emploi, la qualité et la quantité des engrais.

C'est donc à vous, propriétaires, qui avez l'intelligence et les moyens, de connaître les qualités et les défauts de votre terre, pour lui fournir, dans ce dernier cas surtout, par les ressources que les engrais chimiques nous donnent, la fertilité factice que la stérilité naturelle condamne à l'improduction.

Je sais que vos contrats vous empêchent de vous ingérer dans l'exploitation de vos fermiers, mais si ce n'est que cela, pourquoi ne pas briser les anciennes formules pour en rédiger des nouvelles, où le propriétaire deviendrait en quelque sorte le directeur intellectuel de ses fermiers. Et pour que cette mesure s'adopte bien aux mœurs agricoles, si puissamment enracinées, il faudrait aussi que le propriétaire, tout en ayant le droit de prescrire, en vertu de son bail, tels et tels engrais à quantités suffisantes, il faudrait, dis-je, qu'il fasse les avances de fonds nécessaires ou qu'il achète lui-même les engrais. Ces dépenses seraient retenues bien entendu. Cette initiative du propriétaire annihilerait l'incurie et la crainte des fermiers. Il n'est pas permis, en effet, à ceux-ci, d'avoir un tempérament spéculatif, et ces braves gens, qui réalisent si lentement, si péniblement et après tant d'appréhensions pendant l'année, le fruit de leur labeur, sont justifiés de la répulsion qu'ils éprouvent à jeter dans leurs terres, sous forme d'engrais, de belles pièces de vingt francs ! Peu leur importe à eux que cent francs d'engrais dans un hectare leur en produise deux cents à la récolte ; ce qu'ils tiennent, ils n'y lâchent point.

En outre de cette timidité spéculative, il arrive que bien souvent le fermier n'a pas les moyens de faire les avances nécessaires. C'est donc à vous, propriétaires, de prendre cette initiative, après vous en être donné la faculté et la garantie par les stipulations de vos baux.

Enfin, et pour me résumer, je dois dire qu'il est à supposer que l'agriculture ferait un pas considérable et serait à même de lutter contre la concurrence étrangère qui menace de l'engloutir, si, au lieu de conserver des fermes d'une superficie trop importante, les propriétaires divisaient leurs propriétés en petites fermes de 50 à 100 hectares, de façon que le fermier ne soit pas débordé et ait bien son exploitation en mains, puis, que par des dispositions contractuelles, le maître s'adjuge la faculté d'acheter ou de faire acheter les quantités obligatoires d'engrais spécifiés sur les baux.

Voilà donc exposées toutes les considérations qui me permettent de croire que la propriété forestière aura dans l'avenir un avantage appréciable sur la propriété agricole, la première n'ayant presque plus à subir d'amoindrissement dans les prix de ses produits, tandis que cette dernière est menacée par des événements économiques qu'il est humainement impossible d'arrêter.

TABLE DES MATIÈRES

Imprimerie L. LACOUR et Cie, rue de Mons, 11, à Valenciennes.

Règlement

D'entre les seigneurs de Prix et d'Imphy et les habitants de la dite seigneurie, *pour le droit d'Usage dans les usages dépendant des seigneuries et droit de pêche et usage de la dite rivière de l'Ixeure.*

28 novembre 1472.

A tous ceux que ces présentes lettres verront Erard Lebreton, licencié és-lois, baillif de Prix, pour noble homme Philibert de La Platrière, escuyer, seigneur des Bordes, Imphy et du dit Prix, salut.

Procès fut meü, et pendant par devant nous, et notre lieutenant au dit siège de Prix, en honorable homme et sage, le procureur de mon dit sieur de Prix, demandeur d'une part ; et les manants et habitants de la justice du dit Prix, déffendeurs d'une part, pour raison et accause de ce que le dit procureur disait et maintennit que combien que mon dit sieur de Prix fut seigneur en toute justice de de la terre et seigneurie de Prix, et de tous les bois étant en icelle ; auxquels bois, tant par droit de seigneurie par la coutume générale du païs, comme autrement nul des dits habitants ny autre, ne peut ni ne doit prétendre droit d'usage pour d'i ceux user en aucune manière, sans qu'il en paye aucune redevance à mon dit sieur, n'y qu'il montre de son droit d'usage qu'il prétend avoir aux dits bois, sous peine d'en faire amande à mon dit sieur, s'il est trouvé qu'il ait fait le contraire et que néanmoins depuis cinq ou six ans en ça. Les dits habitants, soub ombre de ce qu'ils ont voulu dire et maintenir avoir droit d'usage aux dits bois, ou chacun d'i ceux de leur auctorité privée sans le congé de mon dit sieur ou de ses officiers se sont transportés en y ceux et ils ont pris bois à bâtir et édifier, clorre et fermer leurs bleds et vignes et faire autre leurs nécessités ; toutefois que bon leur semble et faisant lesquelles choses ont bien intéressé mon dit sieur de la somme de cent livres tournois, en concluant par le dit procureur, que s'ils confessaient son intention, qu'ils fussent condamnés à en faire amande à mon dit sieur et autres conclusions à ce pertinentes et qu'après la demande et conclusion du dit procureur, ainsi faire et proposer comme dit est : les dits habitants auraient dit et répondu, faut dire et répondre que lesdits bois étant en la dite justice de Prix, tout ainsy qu'ils se comportent et s'étendent de toute ancienneté selon les limitations et circuits qui s'ensuivent. C'est à savoir depuis le bois des Trois-Saignées, appelé la Mange, en tirant au bout du bois de Cigogne, d'illée au long du bois de l'Uzage de la Ferté-aux-Nonains, au long du bois du Plessis, bois de Ventée de mon dit sieur, descendant au champ de Baut et d'illée au bois de Chanaigée, bois de vente de mon dit sieur ; le ruisseau de la fontaine de Baut entre deux et d'illée tirant à l'étang du bois gellé, et d'illée selon le chemin qui tient de Nevers à Prix, en tirant selon le chemin allant de Prix à Certaine, d'illée au champ de Curty, d'illée à la Fontaine et Ruissiau, d'illée au bout du champ Coulon, d'autre illée au bout du bois de l'Uzage de Sauvigny-les-Chanoines, d'illée au bois de Foussé, d'illée iceux bois d'Imphy en tirant à la fontaine Saint-Arigle. D'autre au Crot, signer d'autre, et au dit bois de Cigogne. D'autre part auxquelles enceintes et limitations sont enclavées certaines terres labourables étant tant en estat comme en friches, appartenant à mon dit sieur, accause de la dite seigneurie de Prix, et aussy des bois de la Chanoir, qui sont de la seigneurie d'Imphy ; lesquelles terres et bois ne sont pas du dit uzage de Prix, s'y un chacun des dits habitants auraient droit d'usage de toute ancienneté pour en iceux prendre toute manière de bois à bâtir, édifier, clore et fermer leurs bléds, prés et vignes en la dite seigneurie, pâtures, pacages ou faire pâturer leurs pourceaux ou autres bêtes, et iceux faire et prendre toutes les autres nécessités comme usagers, peuvent et doivent faire en leur uzage toute fois que bon leur semble, et que même en soit, et semblablement auraient droit d'uzage de pescher à la rivière de l'Ixeure en tout temps, ainsi que la ditte rivière se comportte depuis le moulin de Prix jusque à la Justice d'Imphy, sans contredit en payant chacun à mon dit sieur, le jour de saint Michel, trois obolles de redevance sans autres charges quelconques, et desquels droits d'Uzages en la manière que dessus les dits habitants, tant pour eux que pour leurs successeurs et ceux dont ils ont cause disaient avoir joui, et usé paisiblement sans nul contredit en payant les charges dessus dittes chacun an, et de ce, nous eussent et autres requis que voulussions descendre sur les lieux et limittes ; et qu'ils étoient prest de nous informer de tout ce que dit est, ou de tant que suffire nous devait pour leur intention obtenir ce que nous leur avons octroyé du consentement du dit procureur. Savoir faisons, qu'après que nous avons descendu sur les lieux dessus-dits, ouïes (oui) les dittes parties de çà et delà de tout ce qu'ils ont voulu produire par devant Nous, avons dit et déclaré, disons et déclarons que lesdits habitans de la Justice de Prix jouiront de leurs droits d'uzages des dits bois de Prix et aussi de la rivière de l'Ixeure, tout ainsi et par la forme et manière qu'eux et leurs prédécesseurs et ceux dont ils ont cause ont accoutumé de faire de toute ancienneté, jusques à présent en païant les redevances par eux accoutumées de payer sans autres charges quelconques. Ce fut fait ès jour tenus par Nous, bailly dessus dit, en notre hôtel du Bourg de Saint-Estienne, à Nevers, par Baut du Promptvé, Guillaume Patureau, procureur du dit seigneur, à ce présent et non contredisant ; et de Colin Boudan, tant pour lui que comme procureur des autres deffendeurs ; le samedy, vingt-troisième de novembre, l'an de grâce mil quatre cent soixante et douze, aussy signé Paillet.

Le 23 novembre 1472.

---

2 septembre 1619.

Transaction pour les Usages.

Comme procès fut en espérance de mouvoir entre haut et puissant seigneur, Messire Antome de Lagrange, Chevalier de l'Ordre du roy, lieutenant pour Sa Majesté au gouvernement de Calais, pays conquis et reconquis, seigneur d'Arquian, baron de Frasnoy-les-Chanoines, Prye, Chevenon et Imphy, et dame d'Ancienville Anne, dame des dits lieux, son épouse, d'une part ; et noble Simon du Perron, escuier, seigneur de Chatauvoy, Thomas Syraudon, Jean Jabeneux, Laisné Pasquet, Jobeneux

IV

Labos, demeurant en la paroisse de Prye, au village de
Rancy ; Paul le sieur Duperron, demeurant en la paroisse
du dit Prye et Cigogne, par année et honorable homme
Antoine Gourdon, marchand, demeurant à Nevers, pour
son domaine d'Imphy-Estienne des Colons, pour son domaine d'Imphy ; et Denis Daujan-Labord, demeurant à
présent à Chanon-Cheminaux, à cause du lieu Chamonie,
assis proche le moulin d'Imphy, ditte paroisse, d'autre
part. Tous usagers des bois assis, tant à Curty, paroisse
d'Imphy, que Prye ; sur ce que les dits seigneurs et
dames disoient et maintenoient que les dits usagers ne
pouvoient prétendre aucun droit, à présent ni à l'avenir,
sur dits bois, pour avoir par eux débité iceux, et en meuse
et partant déchus du droit qu'ils y prétendoient, suivant
et conformément à la coutume du Nivernais, où ils sont
assis ; du moins que lesdits seigneurs et dames enten-
doient leur donner leur part et portion des dits bois, pour
en faire par eux ce que bon leur semblera, et par les dits
usagers a été dit que s'il y a quelqu'un qui ait meuté des
dits bois il doit en répondre ; et non ceux qui n'ont commis
aucun mesüs ; néanmoins consentent et accordent unanimement aux dits seigneurs et dames, qu'il leur soit donné
leur part et portion des dits bois, laquelle sera arpentée
et bornée à frais communs, et après qu'ils ont commu-
niqué, ensemblement ont déclaré être d'accord avec les
dits seigneurs et dames en la forme qui en suit.

C'est à savoir qu'au dit seigneur d'Arquian et la dite
dame, son épouse, sera et demeurera les deux tiers de
tous les bois qui sont assis es dittes justices d'Imphy,
Curty et Prye-sur-l'Ixeure, sujets et usages ainsi qu'ils
s'étendent et comportent ; tenant d'une part aux bois et
usages de Sauvigny, appartenant au Chapitre de Nevers,
d'autre aux bois de la terre et seigneurie de Cigogne,
d'autre aux bois des Usages appelés les Landes, appartenant à la dame Prieur de Lafermeté ; d'autre part au Crot
de Fage, pour en faire les dits seigneurs et dame ce que
bon leur semblera, et auxquels deux tiers les susdits
usagers ne pourront prétendre aucune chose à la coupe
du dit bois ; l'autre tiers des dits bois du côté, où il sera
arpenté, sera et demeurera aux susdits usagers ; lesquels
en jouiront *par forme d'usage, suivant la coutume du
Nivernais, et non autrement ;* et seront lesdits bois
arpentés à frais communs et comme il est dit dans un

mois ou tel autre temps, que lesdits seigneurs et dame voudront en appelant quatre des susdits usagers, tels que le surplus voudra élire, et pour cet effet recevoir toutes assignations, ont élu leur domicile en la maison du dit seigneur de Chateauvoy, lieu des dits usagers ; après laquelle assignation posée, pourra le dit seigneur, sans autre forme ni figure de procès, faire arpenter ledit bois ; lequel sera et demeurera de telle valeur que s'il était fait en la présence des dits usagers ; la part desquels sera placée et bornée et leur sera délivrée copie à l'un des usagers dudit arpentage, a été accordé aux dits usagers par ledit seigneur, le pacage de l'herbage *au deux tiers du dit bois*, appartenant aux seigneurs et dames.

Lorsque les bois seront hors de défense pour les revenus, comme aussi pourront envoyer leurs porcs de leur nourriture seulement dans les dits bois et glandées d'iceux, en payant par eux le droit accoutumé, qui est deux deniers de Sens, portent droits, lots, vente et tous droits seigneuriaux pour chacun usager, payable au jour et fête saint Michel, et encore un pain valant demi-boisseau, mouture, payable le dimanche après Noël, portant tous droits seigneuriaux comme le dit droit de cens ; car ainsi sont en outre dit, fait, passé, consenti et accordé les dites parties par devant le dit juré, promettant par leur foy et serment pour se donner corporellement en la main du dit juré, et sous l'ypothèque et obligation de tous leurs biens meubles et immeubles présents et avenir que contre ces présentes lettres et le contenu en icelles ; ils n'iront aller ni venir, feront entretiennement ainsi, les tiendront et entretiendront, et feront tenir et entretenir sans les corrompre, sous peine de payer tous les frais, dépens, dommages et intérêts pour ce fait, souffert et soutenu, voulant être pour ce fait contraint de par le roy, notre sire, pour les primes, ventes et exploitations de tout leur dit bien, qui en ont pour ce soumis et obligé à la juridiction, coertion et contrainte du roy, notre dit sire, s'el du tout en tout, quant à ce renonçant à toutes choses contraires et aux droits, disant en général renonciation, non valoir, si le spécial n'est pas précédant donné, fait et passé à Nevers, après midy, en l'hôtel de noble homme Gil Duplessis, élu par le roy en l'élection de Nevers, où le dit seigneur d'Arquian est de p^{sent} logé le deuxième jour du mois de septembre l'an mil six cent dix-neuf, et en présence des notaires soussignés, les dites parties ont déclaré ne savoir signer, sauf le dit seigneur de Chaleuvroy, Pasquet, Jobeneuil et Gourdon. L'original est signé Arquian, Montigny, du Perron, Gourdon, Jobeneuil des Colons, et des notaires soussignés, ainsi signé : Dumarché, notaire. Collation de la présente expédition a été faite en grosse, en parchemin, représentée par messire Louis Clément, notaire, demeurant à Rancy, paroisse de Prye, et à la réquisition de messire Mavin Duplessis, pour des justices de Prye et d'Imphy, et acte de ladite grosse retracé par ledit sieur Clément, le 30 avril 1714.

Clément, notaire, Duplessis-Dumont, notaire royal.

Transaction des usagers de Prye avec les seigneurs dudit Prye pour les Usages passée en 1610.

En 1610, transaction pour les usagers, droits de pacage et de glandée.